KB044137

미주리 함상의 외교관

미주리 함상의 외교관

초판 인쇄 2019년 9월 10일
초판 발행 2019년 9월 16일

지은이 가세 도시카즈, 하나이 히토시
옮긴이 이경수, 김석진, 전봉애
펴낸이 박찬익
펴낸곳 패러다임북
주소 서울시 동대문구 천호대로 16가길 4
전화 02)922-1192~3
팩스 02)928-4683
홈페이지 www.pjbook.com
이메일 pijbook@naver.com
등록 2015년 2월 2일 제305-2015-000007호

ISBN 979-11-965234-6-6 (03340)

미주리 함상의 외교관

ミズーリ艦上の外交官

가세 도시카즈 加瀬俊一
하나이 히토시 花井等 지음

이경수 · 김석진 · 전봉애 옮김

패러다임북

시작에 앞서

여기 영상기록물 한 편이 있다. 나는 그것을 몇 번이고 반복해서 보았다. 마치 난민선처럼 대포 위까지 병사들로 빽빽하게 들어찬 거대한 전함. 별의 개수가 적은 이상한 성조기. 실크해트를 쓰고 한 쪽 다리를 절며 걷는 신사. 그 신사를 도와주려는 듯 곁을 서성이는 젊은 외교관.

이 젊은 외교관이 바로 처칠, 스탈린, 히틀러를 비롯해 케네디 등 20세기의 거물들과 직접 만나서 이야기를 나누고, 마쓰오카 요스케(松岡洋右)부터 요시다 시게루(吉田茂)까지를 보좌했으며, 제2차 세계대전 후 초대 국제연합 대사를 지낸 후, 2004년인 현재 101세임에도 여전히 현역 외교평론가로 활약하는 가세 도시카즈 그 분이다.

그날은 '약간 흐리며 바람은 없고 도쿄만은 아주 잔잔했다.'(1945년 9월 3일자 마이니치신문)고 한다. 1945년 9월 2일 일요일 오전 9시 10분전. 천황폐하의 대리로 항복 문서에 조인하는 전권을 위임받은 정부 대표인 58세의 시게미쓰 마모루(重光葵) 외무대신은, 13년 전 상해사변에서 괴한(역주: 한국인 독립운동가 윤봉길)이 던진 폭탄에 왼쪽 다리를 잃어 의족을 하고 있었다. 실크해트에 모닝코트 정장 차림인 그는, 의족을 보호하려고 왼손으로 지팡이를 짚으면서 전함 미주리호 우현 갑판 위의 조인식 식장을 향해 걸어 나갔다. 미주리호는 후지산과 자웅을 겨루듯 도쿄만 위에 4만 5천 톤의 그 거대한 몸체를 띄우고 있었다.

이 세기의 조인식을 한번이라도 보려고 대포 위에까지 인산인해를 이룬 미군 병사들 사이로, 빌려 쓴 실크해트를 손으로 잡고 똑같은 모닝코트 차림으로 수반하는 42세의 가세 도시카즈 내각 보도부장의 눈에 그때 이상한 것이 보였다. 그것은 별의 개수가 31개인 오래된 성조기였다.

그 성조기는 동인도 함대 사령관 페리가 1853년 우라가(浦賀) 해안에 흑선이라고 불리던 증기선 두 척, 범선 두 척과 함께 처음 나타났다가 다음해인 1854년에 일본에 다시 왔을 때 기함인 포하탄호에 게양했던 깃발이었다. 그로부터 5년 후 이날처럼 당시의 에도만 위에서 미일수호통상조약이 해리스 일본총영사와 막부 사이에서 체결되었을 때, 조인 장소로 사용되었던 함정에 나부끼던 바로 그 성조기를 이날을 위해 일부러 미국 본토 박물관에서 운송해 왔던 것이다. 그 후 페리는 그의 저서 『일본 원정기』에서 '문명과 인권의 진군에 일본도 드디어 길을 열지 않을 수 없는 때가 왔다.'라고 했다.

그리고 맥아더는 미주리호에서 조인식을 한 후 행한 대미 방송에서 '우리는 92년 전 우리의 그리운 선인 페리 제독이 있던 도쿄에 서 있다. 그는 세계의 우의와 통상무역으로부터 일본을 고립시키는 막을 제거하고, 일본에게 문명과 진보의 시대를 열어주고자 했다…….'(가세 도시카즈의 저서 『미주리호로 가는 여정』)라고 했다.

가세 씨는 제2차 세계대전 후 일본을 형성하는 점령 정책의 실마리가 되었던 이 역사적인 식전에 참석하여, 해군 하근무복차림으로 등장한 맥아더 앞에서 정장 차림에 불편한 몸으로 자리에 앉아 서명을 하는 시게미쓰 외무대신을 왼쪽에서 받쳐주듯 보조했다. 그때 그는 무엇을 느꼈을까.

인터뷰 첫머리에서 내가 제일 먼저 했던 질문이다.

가세 씨의 대답은 다음과 같았다.

"미국의 주를 나타내는 별의 개수가 적어서, 직감적으로 페리의 기함인 '포하탄'에 게양했던 깃발이라고 생각했습니다. 그들이 드라마를 연출하는 것 같다는 생각이 들었지요."

그리고 "나는 항복은 해도 정신은 별개다, 일본은 패배했지만 정신적으로는 지지 않았다는 자부심을 가지고 있었습니다." "포츠담 선언은 일본군의 무조건 항복만을 요구했습니다. 그렇지만 국가로서는 조건부 항복을 한 것입니다. 조건이 붙어 있기 때문에, 그 조건을 어떻게 적용하는 가에 따라 일본의 장래 입장이 살기도 하도 죽기도 하지요. 우리는 목숨을 걸고 일본의 입장을 관철하자, 그러기 위해서는 아무리 고생이 되더라도 그 일을 꼭 해내는 것이 이른바 남자의 숙원이라고 생각했습니다. 그때의 심정이 그러했습니다."

나는 가세 씨를 인터뷰 하면서, 러일전쟁의 강화조약 체결 시 미국 포츠머스에서 러시아 대표인 비테를 상대로 실로 사활적인 국익을 건 외교를 전개했던 고무라 주타로(小村寿太郎) 전권대사를 떠올렸다.

포츠머스 조약으로부터 백 년, 그리고 미주리호에서 항복 문서에 조인한 후 이미 60년 가까이 세월이 흘러가는 현재, 그때 던져진 과제에 우리는 답을 할 수 있을까. 미주리호에서 돌아오는 길에 맑은 하늘이 보이는 도쿄만 위에서 하늘을 찌를 듯 우뚝 솟은 후지산의 웅자를 바라보며 가세 씨가 염려했던 일본의 장래를 다시 파악해보고자 한다.

본서는 나흘에 걸친 가세 씨의 인터뷰를 통해, 역사로부터 우리는 무엇을 배워야 할지를 생각하고, 외교 정책이란 무엇인가, 외교란 무엇이고 어떻게 해야 하는가를 제언하는 것이 목적이다.

또한 이번 인터뷰를 통해서 가세 씨로부터, 조인식 전날 혼자서 천황폐하를 알현했다는 새로운 사실과 사토 에이사쿠(佐藤栄作)의 노벨상 수상 등, 여러 비화를 들을 수가 있었다.

페리는 1839년 증기실험선 풀턴호의 초대 함장이었고, 그는 '증기선 해군의 아버지'라고 일컬어진다. 그리고 그 업적을 의회에서 인정받아 미국이 최초로 건조한 두 척의 대형 외륜 증기전함의 이름이 미시시피호와 미주리호였다고 한다. 역사의 인과를 느끼지 않을 수 없다.

하나이 히토시

옮긴이 서문

[미주리 함상의 외교관]은 2019년 미래한국재단에서 출간한 [저출산 무엇이 문제인가-NHK가 제시한 문제점과 처방책-(지식과 감성)][인구 감소와 지방소멸(지식과 감성)]에 이은 세 번째 역서다. [저출산 무엇이 문제인가]가 현대 사회의 이슈인 저출산의 문제와 처방책을 진단하고 [인구 감소와 지방소멸]이 인구감소와 지방소멸을 다루고 있다면, [미주리 함상의 외교관]은 세계 각국의 외교가 점점 더 중요해지고 있다는 사실을 21세기 글로벌 시대를 사는 우리에게 알려준다. 실제로 외교관의 임무와 역할에 따라 외교의 성패가 달려 있다고 해도 과언이 아닐 정도로 외교의 중요성이 재인식되고 재확인되고 있다. 외교관의 냉철한 시각으로 태평양전쟁 전후 세계 변화의 흐름과 당시 일본의 국내 정세를 소개하는 [미주리 함상의 외교관]은 외교사의 교과서, 외교의 바이블이라 해도 손색이 없다.

이 책은 일본의 근현대사에서 중요한 일본 국내외의 변화와 상황을 자세히 알려주는 귀한 자료이자 일본 외교사에서 아주 중요한 역할을 한 백세 넘은 노장 가세 도시카즈(加瀬俊一)의 객관적인 눈으로 본 세계사와 외교사라고 할 수 있다. 참고로 가세 도시카즈(加瀬俊一)는 세계 제2차 대전 전후에 활약한 일본의 외교관으로 국제연합에 가맹한 이후에 초대 일본외교를 대표하는 대사, 외무성 고문, 내각총리고문 등을 역임했다. 비슷한 시기에 전쟁 시에 포츠담선언(1945.8) 수락 및 일본정부의 결정을 통지한 스위스 주재 공사 가토 슌이치(加瀬俊一)와는 전혀 다른 인물이다.

[미주리 함상의 외교관]은 수많은 업적과 저서를 남기며 일본 외교사에

서 중요한 인물로 평가받는 가세 도시카즈의 마지막 저서라고 할 수 있다. 미주리호는 태평양전쟁에 참여한 전함으로 1945년 9월 2일 도쿄 만에 정박한 이 함상에서 일본 항복 문서 조인식이 거행되었다. 잘 알려진대로 현재 미주리호는 하와이 진주만 기념관에 전시되어 있다.

　이 책은 하나이 히토시 교수와 가세 도시카즈 외교관과의 대담 내용을 다루고 있으나 당시 일본의 국내외 정세를 잘 보여준다. 대담을 통하여 일본 근 현대에서 아주 중요한 역사적 사실을 잘 알 수 있을 뿐만 아니라 외교관 가세 도시카즈 씨의 100년 외교사에 대한 이야기가 아주 잘 정리 및 기록되어 있는 책이다. 또한 우리가 이름만 들어도 알 수 있는 역사적인 사람들과 역사적인 사건들 모두 잘 알 수 있는 내용으로 전개되고 구성되어 있는 책이다. 세계적인 인물(처칠, 스탈린, 맥아더, 페리제독, 존 에프 케네디, 히틀러 등)과 일본 국내 주요 인물(마쓰오카 요스케, 고노에 후미마로, 노무라 기치사부로, 요시다 시게루, 시게미쓰 마모루, 하토야마 이치로, 사토 에이사쿠) 등의 이야기, 삼국동맹(일본 독일 이탈리아), 미일 양해안, 오키나와 반환, 미일 개전 전야의 미일 교섭과 같은 역사적 사건을 전문가 인터뷰와 비전문가 인터뷰로 만날 수 있으며 오키나와 반환 등에 대한 비전문가의 이야기가 잘 기록되어 있다.

　이 책은 외교관으로서의 자부심으로 시작해 외교의 실패는 외교관에게 달려 있다는 내용으로 마무리 하고 있으며 역사를 통해 배우자는 교훈과 일본외교에 대한 제언으로 끝을 맺는다.

대담 내용은 총 4장으로 구성되어 있다.

1장에서는 가세 도시카즈의 백년의 인생이 잘 정리되어 있다. 성장과정에서 어머니의 사랑과 영향을 받은 이야기, 외교관에 대한 꿈, 외교관으로서의 자부심, 맥아더의 인상, 페리의 깃발, 전쟁에 졌지만 정신적으로는 지지 않았다는 이야기까지, 의식이 살아 숨 쉬는 외교관으로서의 삶이 잘 나타나 있다. 그리고 독일인과 영국인, 삼국동맹, 일본의 정치와 사상가, 당시 세계를 이끈 처칠, 존 에프 케네디, 히틀러와 같은 인물, 진주만 공격, 영국과 미국, 북한 납치 문제 등이 가세 도시카즈의 냉철한 눈으로 평가된다.

2장에서는 미국의 진의를 파악했다면 미일전쟁은 피할 수 있었을지 모른다는 안타까운 심경, 천황의 의중은 평화에 기인하고 있다는 내용을 포함해 미일전쟁의 교섭의 진상과 대영 교섭의 실패 등이 가세의 주관적인 눈으로 잘 묘사되어 있다.

3장에서는 하나이 히토시 교수가 본 외교의 프로와 민간인에 대한 이야기가 소개된다. 미일전쟁 전야의 교섭에서 외교 전문가와 외교 비전문가가 실패한 예와 오키나와 반환에서 비전문가가 성공한 예가 적나라하게 설명된다.

4장에서는 하나의 히토시가 태평양 전쟁 후 미일관계의 예를 들며 외교는 외교관에 따라 성공하기도 하고 실패하기도 한다는 이야기를 들려주면서 외교관의 존재가 얼마나 중요한지 강조한다.

사실 역자 자신이 이 책을 번역하면서 인상에 남으면서도 많이 놀란 부분이 있다. "태평양 전쟁에 져서 항복은 했지만 정신까지 진 것은 아니다"라는 가세 도시카즈의 말이다. 즉 '일본은 패전했지만 정신적으로는 이겼다'라는 자부심이다. 또 하나 역자의 뇌리에 남아 있는 부분이 있다. '일본은 전쟁에는 졌지만 아시아를 해방시켰기 때문에 사실 승리한 것이다. 전쟁은 끝났고 일본은 역사에 따라 주어진 역할을 완수했기 때문에 긍지를 가지고 있다' 라는 내용이다. 이러한 부분이 역자의 뇌리에 남아 있는 무엇일까? 일본의 입장을 정당화하기 위한 말일까? 진정에서 우러나온 말일까? 아직은 잘 모르겠지만 일본이 가지고 있는 속내를 다시 한 번 깊이 생각해 보는 계기가 되었다.

　　이 책은 미래한국재단의 2019년 과제로 추진되어 그 후원으로 결실을 보게 되었다. 여러 가지 어려운 역경 속에서도 이 책의 번역 출간을 허락해 주신 패러다임북 관계자와 이주영님께 본 지면을 통해 감사의 말씀을 드린다.

역자 대표 이경수

○ 목차

제1장

〈대담〉가세 도시카즈
백년의 인생

가세 도시카즈 · 하나이 히토시

외교관으로서의 자부심

하나이 우선, 젊은 사람들 중에는 가세 대사님을 모르는 사람도 있을 것 같으니 그런 사람을 위해 대략 선생님의 이력을 여쭙고자 합니다. 현재는 외교 평론가이시지요?

가세 그렇게 알려져 있습니다.

하나이 그리고 가시마(鹿島) 출판회 회장도 맡고 계시고, 매스컴이나 저술가 사이에서도 초일류 인물로 알려져 있습니다. 그 이전에는 외교관으로서 초대 국제연합 대사를 하셨습니다.

가세 감사합니다.

하나이 학력을 살펴보면, 도쿄상과대학(현 히토쓰바시 대학) 예과 시절, 외교관 시험에 대단히 훌륭한 성적으로 합격하셨다고 들었습니다. 외무성 입성 후 미국으로 유학을 떠나, 애머스트 대학교 및 하버드 대학교에서 공부하셨습니다. 그런 이력을 거쳐 외교계에 들어가셨고, 1945년 9월 미주리호 함상에서 있었던 항복 문서 조인식에 입회하셨습니다.

제2차 세계대전 후 일본이 국제사회에 복귀하자 초대 국제연합 대사로 뉴욕에 부임해 외교관으로 활약. 그 후 일본 외무성 고문으로 활약하셨습니다. 여기에 추가할 말씀 있습니까?

가세 지금 내용으로 거의 충분합니다.

하나이 먼저, 가세 대사라고 말씀드렸습니다만 이건 원칙대로 하자면 평생 '가세 대사님'이라고 해야만 합니다. 혹은 가세 교수님이라고 해야 되는데요, 그런 사실을 알면서도 저는 때에 따라 가세 선생님, 또는 가세 씨라는 호칭을 쓸 텐데요 부디 그 점은 용서를 해주셨으면 합니다.

가세 하나이 선생님이 보시다시피 정신이 또렷할 때도 있고 흐릿할 때도 있으니 이해해주시기 바랍니다.

하나이 저는 이번 대담을 하기 위해 도서관에 틀어박혀 가세 선생님이 쓰신 책을 거의 다 읽었습니다. 엄청난 양이어서 읽는 데만 한 달 정도 걸렸습니다.

가세 그 점은 미안하게 생각합니다.

하나이 우선 처음으로 여쭙고 싶은 것은, 미주리호에서 있었던 일에 대해서입니다. 역시 가세 대사님이 세상에 처음 알려지게 된 건 항복 문서 조인식을 위해 미주리호 함상에 오르셨을 때 촬영된 그 사진이라고 생각합니다(30페이지 사진 참조). 먼저 시게미쓰 마모루 [1] 전권 대사가 한쪽다리(상해사변 때 폭탄으로 오른쪽 다리를 잃었다)로 올라오셔셔…….

가세 잘 아시는대로이고요, 저희는 내키지 않는 곳에 불려나간 듯한 기분을 숨길 수가 없었습니다. 그렇지만 사실은 사실이므로, 역시 하나이 선생님 같은 분이 계셔서 연구해 주고 계시니, 후세를 위해 솔직하게 사실이라고 말씀드리는 게 좋을 것 같습니다.

하나이 미주리호 함상에 오르셨던 그 순간, 미군이 많이 모여 있던 그 현장에서 무슨 생각이 드셨습니까?

가세 '이제 드디어 끝났구나.' 하는 기분이었지요. 역시 그 미주리호의 함상이라는 곳은 패자가 심판을 받는다고 하는 하나의 현장이니까요. 어쨌든 메이지 선인으로부터 우리가 계승해 온 일본의 명

예를 흠집 내지 않도록 그 자리를 벗어나고 싶은 것이 저의 솔직한 심경이었습니다.

그런 현장에서는 자신감을 갖고 임하는 것이 중요하니까, 내게 맡겨준다면 괜찮을 것이라는 자부심도 있었습니다. 게다가 시게미쓰 씨와는 상당히 돈독한 관계였습니다.

하나이 가세 씨는 런던에서 시게미쓰 씨의 보좌역을 맡으셨지요?

맥아더[2]는 퍼포먼스에 능한 사람입니다. 미주리호 함상의 조인식 때 뒤에 다섯 명 정도의 동맹국 사령관이 있었는데 맥아더가 글자를 하나 쓰고는 뒤에 있는 사령관들에게 건네는 기록 영상이 남아 있습니다. 그 자리에 계시면서 어떤 생각을 하셨습니까?

가세 그런 때는 우리 마음대로 하려고 해도 그렇게 할 수가 없습니다. 우리는 항복하는 입장이니까요. 그래도 나라에는 각자 자부심이 있지요. 우리가 느끼는 자부심만은 목숨과 바꾸더라도 잃을 수 없다고 하는 기개는 갖고 있었습니다.

하나이 그 자부심의 기준점은 무엇입니까?

가세 패했다고 해서 자부심을 잃어서는 안 된다. 민족의 긍지라는 것은 이기든 지든 일관되어야 한다는 마음을 갖고 있었습니다. 그렇지 않으면 그런 상황을 모면할 수는 없다고 생각합니다. 자신은 보잘 것 없지만 나라를 위해 이 정도는 한다는 각오로 임하는 목숨을 건 거래입니다.

그리고 점령군이란 자들은 힘으로 밀어붙이기 때문에 말도 아주 함부로 했습니다.

하나이 그건 무슨 뜻입니까?

가세 우리로서는 설령 전쟁에 졌다고는 해도 이것만은 양보할 수 없다고 하는 게 있습니다. 그것을 관철하려고 하면, 어제의 적국이므로 감히 그렇게는 안 되지 하는 것이 있는 겁니다. 맥아더가 그랬고 그 부하도 그랬습니다.

개중에는 훗날 점령 시대에 상당히 친밀해져 형제처럼 또 한 가족처럼 가까워진 사람도 있었지만, 그렇게 되기까지는 어찌 되었든 무조건 항복의 시기를 헤쳐 나가야만 했습니다. 괴로워하면서도 그 자리를 헤쳐 나간다는 것은 역시 외교관으로서 느끼는 긍지에 속한다고 생각합니다.

맥아더의 인상

하나이 가세 씨는 조인식 때 맥아더가 연설할 줄은 몰랐다고 한 걸로 알고 있는데, 일본 정부에 전달할 수밖에 없는 입장에서 그 맥아더의 연설을 듣고 어떤 생각이 드셨습니까?

가세 사실 일본이 무조건 항복을 했다느니 하는 말은 터무니없는 소리입니다. 그런 일은 있을 수 없어요.

하나이 선생님도 잘 아시다시피, 일본은 연합국이 1945년 7월에 발표한 포츠담선언을 수락하고 항복했지만, 일본의 항복 조건을 열거 한 후에 '우리의 조건은 이상과 같음'이라고 했습니다. 포츠담 선언은 일본군의 무조건 항복만을 요구하고 있었지만, 국가로서는 명예가 보장된 조건부 항복을 한 셈입니다.

조건이 붙어 있으므로 그 조건을 어떻게 적용하는 가에 따라 일본의 장래 입장이 살기도 하고 죽기도 합니다. 우리는 목숨을 걸고 일본의 입장을 관철해야 하고, 아무리 고생이 되더라도 그렇게 하는 것이 이른바 '남자의 숙원'이라는 심정이었지요.

하나이　맥아더의 연설은 상당히 격조가 높고 패전국을 난도질하려는 스타일은 아니어서, 제게는 대학 교수가 제자들에게 논하는 것처럼 들렸는데, 가세 씨는 어떻게 들으셨습니까?

가세　아아, 이제야 이런 사람이 나왔군, 하는 느낌이었지요.

하나이　이런 사람이라뇨?

가세　맥아더는 군인으로서는 아주 훌륭한 사람이었다고 생각합니다. 따라서 그의 입장과 저의 입장 사이에는 이긴 자와 진 자라는 커다란 차이가 있었습니다만, 그 승패는 별개로 하고 이후 일본의 입장을 어떻게 할 것인가 하는 문제에 대해서는 공통점이 있었습니다.

외교는 공통점을 찾아서 우리에게 유리하게 진행하는 기술입니다. 나중에 우리는 맥아더와 여러 번 이야기를 했습니다. 그는 단순한 군인이 아니라 비전을 그리는 능력이 있었으므로 앞으로 일본이라는 나라를 어떻게 할 것인가를 놓고 뜻이 통하는 부분이 있었습니다.

페리의 깃발

하나이 　기록 영상에서 그 장면을 보면, 미주리호 갑판 한쪽에 페리의 깃
　　　　발이 걸려있습니다. 미주리호에 올랐을 때, 혹은 조인식에서 그것
　　　　을 눈치 채셨습니까?

가세 　　알고 있었지요.

하나이 　하지만 페리의 깃발인 것은 모르셨다는 것이군요?

가세 　　미국의 주를 상징하는 별의 개수가 적어서, 직감적으로 페리의
　　　　기함인 '포하탄'에 게양했던 깃발이라고 생각했습니다. 맥아더가
　　　　연출한 드라마라고 생각했습니다. 그 깃발은 액자에 담아 회의장
　　　　옆에 걸려 있었습니다. 그 때 나는 아직 맥아더라는 인물을 잘 몰
　　　　라서 '이래도? 이래도?' 하는 식으로, 미국의 힘을 과시한 것으로
　　　　받아들였습니다.

하나이 　그것도 연출이네요. 그 점을 보면 일본의 허접한 연출과 미국의
　　　　연출, 특히 맥아더의 뛰어난 연출은 엄청난 차이가 있었군요.

가세 　　그는 수완가였습니다. 그 부분을 평소부터 마음먹고 있었던 거
　　　　지요.

가세 　　어쨌든 우리는 패전한 입장이라 부담이 컸습니다. 그런데 맥아더
　　　　가 미주리 함상에서 연설을 하면서 패배한 일본을 소중하게 여겨
　　　　준 점에는 감명을 받았습니다.
　　　　당시 나는 전 세계 사람들이 뉴스 영화나 사진으로 이 장면을 볼
　　　　것이니 어떻게 패전국으로서의 위엄을 갖고 행동하고, 상대방에
　　　　게도 경의를 표할 수 있을까 하는 생각뿐이었습니다.

미주리 함상에 내걸린 페리 원정 당시에 사용했던 '성조기'

전함 미주리로 돌진하는 특공대기〈상부 중앙〉(마이니치 신문사)

미주리호에 대리인으로 가기 전에 일단 미주리에 대해서도 알아 두는 것이 좋겠다고 생각해 해군 군령부에 물어보았습니다. 그랬 더니 오키나와 해전에서 일본 특공기 한 대가 명중했지만 가라앉 지 않았다고 했습니다. 나는 외교관으로서, 전쟁을 계속하고자 하 는 특공대원들의 기개를 품고 갔습니다. 전쟁터에서 산화한 영령 들과 함께 미주리호 갑판을 밟는 심정이었습니다.

맥아더는 부친이 러일전쟁의 종군 무관으로 일본을 방문했을 때 동행했기 때문에 생각 외로 일본의 역사에 관심도 있었고 이해하 기도 했습니다. 우리는 그가 적의 대표라는 것이 오히려 고맙다 고 생각했습니다. 이제 다행이라는 생각마저 들었습니다.

하나이   다행이라뇨?

가세   어렵군요. 당시의 심경을 표현한다는 것이.

복장에 나타난 항복에 대한 사고방식의 차이

하나이   당시 외무성은 전원 모닝코트와 실크해트의 예장이었습니다. 그 러나 군은 약식 복장이었지요. 우메즈(梅津)[3] 참모총장도 해군도. 시게미쓰 전권대사 이하 전원은 천황의 대표이므로 예장을 했던 것이지만, 군은 어떤 이유로 약식 복장이었습니까?

가세   제대로 지적하셨습니다. 지금까지 미주리호의 항복 조인식에 대 해 많은 사람들로부터 질문을 받았지만 이런 질문은 처음입니다. 역시 하나이 선생님은 관찰력이 뛰어나시군요.

하나이   그건 육군의 불만을 표현하기 위해서였습니까? 역시 군인은 그런 자리에 저항이 있었기 때문인가요?

가세   그렇습니다. 일본의 군인으로서 항복하는 것만큼 굴욕적인 것은 없었으므로 상대방에게 경의를 표하는 복장을 입을 수 없었던 거지요.

하나이   저는 항복을 바라보는 외무성과 군의 사고방식의 차이가 복장으로 나타났다고 보는데요.

가세   그렇지요. 우리는 전쟁에 완패한 나라의 대표단이라는 사실은 인정했으나 일본국의 긍지를 자부하고 있었습니다. 게다가 시게미쓰 전권은 정부 대표로서 천황 폐하를 대표하고 있었습니다. 그러므로 우리 수행원도 모닝코트 차림이었습니다. 우메즈 참모총장은 대본영이라는 군을 대표하고 있었습니다.

하나이   외무성은 종전 공작을 비밀리에 진행했고, 항복을 받아들여 일본을 구하려고 생각했습니다. 마침내 그것이 성공하여 미주리호의 장면이 성사된 것이네요. 그러나 군은 끝까지 저항했지요. 그래서 같은 항복 문서 조인이라도 받아들이는 방식이 상당히 달랐던 것 같네요. 저는 시게미쓰 씨와 우메즈 대장은 항복 문서 조인을 받아들이는 방식이 전혀 달랐다고 봅니다.

정신적으로는 지지 않았다

가세   물론 함상에 함께 자리하지는 않았지만, 맥아더 외에도 일본을 제법 이해했던 사람들이 있었습니다. 우리는 그 사람들과 함께 장래의 일본 관계를 구축해야 한다는 확신을 가지고 있었습니다.

하나이 그렇습니까? 조인식이 끝난 후 미국의 작은 함정을 타고 한 시간 정도 걸려 요코하마 항으로 돌아오셨는데요, 그 배 안에서 조인식에서 있었던 일을 보고서로 작성하셨다고 들었습니다.

가세 갈 때도 올 때도 점령군 입장에서는 대단한 축제였습니다. 이대로 미국이 이긴 셈이어서 그쪽은 이미 제정신이 아니었습니다. 승리의 여세를 패전한 일본에게 보여주려는 우쭐함이 분명히 있었습니다.

나는 그것을 충분히 인식하고, 승패에 연연하는 것은 일본에게 이익이 되지 않으니 차라리 미국 측에 일본의 입장을 확실히 이해시켜야겠다는 심정이었습니다. 그러면서도 항복해서는 안 된다는 생각은 잠시도 뇌리에서 떠나지 않았습니다.

나는, 항복은 해도 정신은 별개고 일본은 전쟁에 졌지만 정신적으로는 지지 않았다고 하는 자부심을 갖고 있었습니다. 그리고 훨씬 힘든 일을 겪을지 모른다는 불안감도 있었으나 동시에 그렇게는 되지 않겠다고 마음을 먹었습니다.

물론 대미전쟁은 궁지에 몰린 나머지 자존자위를 위해 일으켰던 전쟁이었지만, 수백 년 간 서양의 식민지 지배하에 있던 아시아를 해방시켰던 거지요. 개전 2년 후의 대동아공동선언은 시게미쓰 외무대신과 제가 썼습니다. 그리고 「대동아회의」⁴의 안을 낸 사람은 접니다. 1941년 8월에 나온 영미공동선언인 「대서양헌장」⁵에 대항해서 일본도 내놓게 된 것입니다. 그러니까 '일본은 전쟁에는 졌지만 아시아를 해방시켰으니 승리한 것이다.'라는 행동이 나왔던 겁니다.

물론 종전 시 그런 말은 서로 하지 않았지만, 세계 역사에 남을 전쟁이 끝났고 일본은 역사에 따라 주어진 역할을 완수했다는 긍지가 가슴 속에 있었습니다.

우리 외교관들은 외교의 입장에서는 패했다는 사실은 인정했으나 정신적으로는 절대 지지 않았다는 확신 같은 걸 갖고 있었습니다.

하나이 그것이 그 당시 일본인의 일반적인 사고방식이었나요?

가세 글쎄요, 그건 알 수 없네요. 국내에는 "일본의 군벌이 진 것이다, 이제 우리는 우리의 길을 갈 것이다."라며 꽤나 피상적인 견해를 갖고 있는 사람도 있었으니까요.

하지만 실제로 그런 말을 할 여유는 없었습니다. 미군은 "너희들, 졌잖아. 모자 벗고 고개 숙여 인사해."라고 할 것 같았습니다. 그렇지 않으면 점령군으로서 설 자리가 없다는 생각을 갖고 있었던 것 같습니다. 꽤나 냉혹한 자들이지요.

그러나 이에 대해 우리는 "일본은 이제부터 일본이 걸어가야 할 길이 있다. 끝까지 그것을 관철하자."는 마음으로 조인식에 임했던 것입니다.

전권이었던 시게미쓰 씨는 난처한 입장이었겠지만, 준비를 충분히 했다고만은 할 수 없었지요. 시게미쓰 씨와 저는 사이가 좋았으므로, 제가 "그건 안 됩니다."라든가, "그거라면 괜찮습니다."라고 하며 교섭 비슷한 것을 그 갑판 위에서 했습니다.

시게미쓰 씨는 백전노장의 외교관이지만 "가세를 데리고 오길 잘했다."는 심정으로 제가 하는 말을 들어주셨습니다.

시게미쓰 씨는 실수를 아주 싫어하는 분이셨습니다. 맥아더 원수가 서있는 곳으로 나아가 항복 문서에 서명을 할 때, 제게 "지금 몇 시일까?"하고 물으셨습니다.

하나이   물어보신 거네요?

가세   몇 시 몇 분이라고 제가 말했습니다. 그러자 그는 "그거 틀림없겠지?"라며 확인하셨습니다. 때로는 실수도 태연하게 밀어붙이는 강인한 면이 있어도 좋은데, 시게미쓰 씨한테는 그 정도의 여유는 없었습니다.

시게미쓰 씨와는 일본을 위해 오랫동안 함께 고생을 해왔습니다. 그러기 위해서는 어떤 어려운 상황에서도 참아야 합니다. 결국 참아서는 안 되는 일이어도 끝까지 참아 일본의 입장을 유리하게 만들어야 합니다. 그것이 충분했는지 아닌지는 별문제입니다만, 저는 제가 당치도 않은 역할을 부여받은 것이라고 생각하면서도 했던 겁니다.

하나이   시게미쓰 전권이 가신 것은 당연하다고 생각하지만, 그 보좌역으로 누가 가느냐에 대해서는 여러 가능성이 있었을 것 같은데요, 그 중에서 왜 가세 씨가 수행을 하명 받았는지요? 보도부장이라는 직책으로 가셨던 겁니까?

가세   아뇨, 그건 아닙니다. 훨씬 궁지에 몰렸기 때문입니다. 미주리호 조인식을 기회로 일본의 입장을 어떻게 어제의 적에게 알리고 납득시킬까 하는 문제가 중요했습니다. 일본을 이해시키고자 데리고 간 셈이었지만, 어쨌든 어제의 적국이니까 제대로 이해할 리가 없습니다. 우리를 꽤 괴롭히기도 했지요.

그렇지만 그 점은 무시하고 오히려 우리가 미국보다 정신적으로는 이기고 있다는 생각에 여유를 가지고, 내 나라의 장래를 향한 행보를 세계에 확실히 보여주겠다는 기백만은 가지고 있었지요.

하나이 '졌지만, 국가의 운명은 우리 양어깨에 있다.'는 마음은 있으셨지요?

가세 있었지요. 방심하면 어떤 일이 일어날지 모르는 때였습니다. 그 문제에는 일본인답게 예절을 갖추고 당당하게 행동하면서 그들이 어느 정도 만족할 결과를 안겨주어야만 합니다. 그건 그리 간단한 일이 아니지요. 어쨌거나 적은 "너희 나라는 졌잖아."라는 입장을 보였으니까요.

고생은 무척 했지만 보람은 있는 일이었습니다.

하나이 그때 연세가?

가세 종전 시 마흔 둘이었습니다.

하나이 마흔 둘이셨습니까? 국가는 엄청난 비극에 휩싸였으나, "일본의 운명을 좌우하는 사람은 나다."라는 심정은, 저도 '남자의 숙원'이라고 생각합니다.

가세 메이지 시대에 남자의 숙원이라고 말했던 사람은 제법 있었지만, 진짜로 남자의 숙원일까라고 한다면 문제지요. 어쨌든 나라의 기둥이자 방패인 군이 항복하는 것이므로, 무엇을 해도 이의를 제기할 여유가 없었지요. 그래도 후세에 "그 전권단은 할 일은 했다."고 말씀드리겠다는 심정이어서, 제 가슴은 벅찼습니다.

미주리 함상에서의 항복 문서 조인.
서명하는 시게미쓰 전권을 보좌하는 가세 수행원

가세 　이것이 당시의 사진입니다.

하나이 　흰 옷이 오타 사부로(太田三朗) 씨군요.

가세 　오타 씨는 제 동료였는데요, 전쟁으로 집이 불타는 바람에 어쩔
　　　수 없이 흰 옷을 입고 있었지요. 그 앞의 모닝코트 차림은 후에
　　　외무대신이 된 오카자키 가쓰오(岡崎勝男)[6]씨입니다. 그 오른쪽이
　　　우메즈 참모총장입니다. 대본영 대표지요. 다른 육해 군인은 우메
　　　즈 대장의 수행원입니다.

하나이 　해군으로 와보면, 전원 약식 복장이네요.

가세 　보통은 해군이 유연하지요.

하나이 　맞습니다. 육군보다는 유연합니다.

가세 　해군은 육군과 같은 카키색 옷을 입고 있지요.

하나이 　질 수 없다는 거네요.

가세   상대에게 경의를 표하고 싶지 않은 겁니다. 전쟁이 끝난 것이 싫다, 전쟁을 좀 더 계속하고 싶었지만 천황폐하의 엄명이니까 어쩔 수 없다는 입장이지요.

우리는 궁중과 중신들에게 손을 써서 종전 공작을 진행하고, 항복을 해서 일본을 구하려고 물밑에서 공작을 하고 있었으니까 어떤 의미에서 보면 우리의 목적을 달성한 자리이기도 했습니다.

하나이   그렇군요.

가세   나는 실크해트가 전쟁 때 타버려서 빌려 온 걸 썼더니 머리에 잘 맞지 않아 뱃전 계단을 오를 때는 한 손으로 잡고 있었지요.

하나이   아, 그러셨군요.

아까도 가세 씨가 말씀하셨다시피, 러일전쟁 때 중장인 맥아더의 부친이 관전무관으로 일본에 와서 러일전쟁의 상황을 살펴보았습니다. 맥아더도 웨스트포인트(미국육군군사학교)를 전무후무한 성적으로 나와 소위가 되고, 아버지가 계신 곳으로 와 러일전쟁을 함께 관전했던 거지요.

그때 맥아더는 '일본 군대는 정말로 용맹 과감하다. 그리고 죽을 때는 천황폐하 만세라고 하며 죽는다.'고 생각했습니다. 나는 맥아더가 일본에서 천황제를 없애서는 안 된다고 하는 마음을 먹게 된 이유는 이것이라고 봅니다.

가세   그건 맞는 말씀인 것 같습니다.

어쩔 수 없이 일본은 무조건 항복을 하지만 맥아더는 국가의 체면을 유지하기 위해 필사적이었던 우리를 그래도 이해해 주었습니다.

그러나 조인식은 싫은 일이었지요.

하나이   싫은 일이라고 하셨는데요, 그 일을 맡아 그걸 극복하는 사람에게 화살이 돌아갔지요. 극단적으로 말하자면, 평화는 누구나 좋아하지요. 하지만 죽느냐 사느냐의 문제 앞에서 능력 있는 사람을 써먹지 않으면 나라가 유지되지 않으니까요. 그런 의미에서 나는 누군지 모르지만 최고 간부가 "가세(加瀨), 자네가 가게."라고 했다고 생각합니다.

항복 문서 조인식 전날의 일

가세   공개되지 않은 사실이 하나 있습니다. 조인식 전날 나는 궁에 들어가 쇼와 천황을 알현했습니다. 당시는 비밀이었지요. 군부는 "일본은 지지 않는다."고 확신하고 있었기에, 조인식이 혹시 외부에 알려지면 "목을 베라"는 상황이 벌어지겠지요. 군부는 나름대로 본토 결전에 따라 최후의 승리를 손에 넣고, 적에게 일격을 가한 뒤 유리하게 화해를 할 수 있다는 신념이 있었으므로, 이에 정면으로 대립하는 견해는 차마 그 자리에서는 밝힐 수 없었습니다. 저는 폐하께만은 몰래 외교 정세에 대해 설명을 했습니다.

폐하께서도 "자네 말은 알겠네." 하고 이해해 주셨지요. 폐하와 저는 살아있는 인간의 입장에서, 사고방식에 대해 대화를 나누었습니다.

나는 "폐하, 그건 불가능한 이야기입니다."라며 아무렇지 않게 말했습니다. 승패가 갈리고 일본이 어떤 행동을 해야 할지 판단하는 순간이 오면, 역시 최종적으로는 천황폐하께 의지할 수밖에 없었기 때문입니다.

하지만 폐하는 좀처럼 본심을 말씀하지 않으셨습니다. 그러나 일단 납득이 되면 저돌적으로 나아가시는 편이었습니다. 일본은 폐하를 통해 구원받았던 것이지요.

하나이 미주리호 조인식에 가기 전날 쇼와 천황과 만나셨다고 하셨는데요, 혼자서 가셨습니까? 아니면 시게미쓰 외무대신과?

가세 아뇨, 저 혼자입니다.

하나이 혼자서입니까?

가세 나는 쇼와 천황께 국제 정세에 대해 말씀 드리는 역할을 맡고 있어서, 일본이 항복하게 됨에 따라 조인식을 어떻게 할 것인가 하는 문제가 있었습니다. 그러자 폐하는, 다른 사람에게 듣는 것을 별로 좋아하지 않으니 가세가 이야기하러 왔으면 좋겠다고 생각하고 계셨습니다. 나 역시 눈치 채고 있었기에 직접 찾아뵙고 설명을 드리니, 폐하는 "아, 당신이구만. 그렇다면 안심이네." 하고 말씀하셨습니다.

하나이 그러셨습니까? 폐하는 가세 대사의 이야기를 듣고 안심하셨던 것 같습니까?

가세 그건 내가 대답하기 어려운 말이지만, 그렇게 보이셨습니다.

하나이 쇼와 천황은 어떤 성격이셨습니까?

가세 말씀을 듣고 납득만 하시면 그 다음은 수월했습니다. 어떤 때는 폐하께서 말씀을 하겠다고 하신 적도 있습니다. 폐하로서의 사고방식이 당신의 입장과 일치하지 않는 경우가 많았지요. 그래서 제가 해드리는 설명이 잘 맞지 않을 때도 있었습니다. 뭐라 할까요, 매사를 간단하게 생각하시지 않을 때가 많았습니다.

하나이   직접 설명을 드리는 횟수는 어느 정도였습니까? 주 1회, 아니면 월 1회?

가세   정해진 것은 없습니다. 어느 날 몇 시에 오면 될지 폐하가 내무대신을 통해서 신호를 보내주십니다.

하나이   미주리호 조인식 전날의 어전 설명은 상당히 말씀드리기 어려웠을 텐데 어떤 내용이었나요?

가세   폐하는 말씀이 많지 않은 분이셨습니다. 하지만 저도 사정이 있었습니다. 당시의 일본이기 때문에 폐하께 직접 말씀을 드리고 폐하의 생각을 확인하면서 하지 않으면 안 됐습니다.

미처 드리지 못한 말씀도 있습니다. 폐하께서 중간 중간 "알았네." 라고 하셨으니까요. 이해해 주시니 말씀드리기 편한 분이셨습니다. 그러나 거기까지 가는 데는 난공불락이라는 느낌이 들었지요. 일본의 근대사를 돌아보면, 일본이 개국했을 때는 메이지 천황이라는 명군을 섬기고 있었습니다. 그리고 1945년에도 역시 쇼와 천황이라는 훌륭한 천황을 만나 다행이었다고 생각합니다.

성장 과정 ― 외교관 시험 합격을 부친에게 알림

하나이   선생님의 성장 과정에 대해 여쭙겠습니다. 지바현 출신이시고 도쿄에서 자라셨네요. 부친인 기이쓰(禧逸) 씨는 당시 최연소 중의원 의원, 그리고 도쿄변호사회 부회장이며 중앙대학교 부총장을 하셨습니다. 부친께서 바쁘신 관계로 부자간의 교류는 없으셨겠네요.

가세 나는 아버지와 찬찬히 이야기를 나눈 경험이 없습니다. 아버지는 한반도나 만주에 자주 가셨습니다. 항상 바쁘게 다니셔서, 무슨 일로 한국이나 만주에 가시는지 설명해 주실 시간적 여유가 없었어요. 그 시대의 아버지는 그런 식이셨지요. 그래도 아버지와 아들이라는 강한 유대감으로 맺어져 있었습니다. 아버지는 하나이 다쿠조(花井卓蔵)[7] 씨와 막역한 사이셨습니다.

하나이 하나이 다쿠조 변호사 말씀이군요.

가세 두 분은 굉장히 사이가 좋았고, 바둑을 무척 좋아하셨지요. 한번은 두 분이 바둑을 한창 두고 계실 때, 외무성에서 내가 외교관 시험에 합격했다는 연락이 왔습니다.

그 사실을 어머니께 알리자 어머니는 "어머, 너무 잘됐다. 축하해. 잘 해낼 줄 알았어."라며 나를 좀 칭찬하셨습니다. 그리고 "아버지께 말씀 드려라." 하셔서 바둑 두시는 방으로 들어갔지요. 아버지께 "방금 외무성에서 연락이 왔는데, 외교관 시험에 합격했다고 합니다."라고 말씀드리니, 아버지는 "외무성도 수준이 낮아졌구먼." 하시며, 바둑 두는 손을 멈추지 않은 채 한마디 하실 뿐이었습니다. "잘했구나." 정도의 말씀은 해주실 거라고 생각했기 때문에 그런 반응에 깜짝 놀랐습니다. "외무성도 수준이 낮아졌구먼." 하시고 더 이상 이야기를 들으려고도 하지 않았습니다.

하나이   삼백 명 중 여섯 명만 합격한 거죠?

가세   그 안에 들어있는 셈이었으니 좀 우쭐했었지요.

그랬더니 하나이 변호사가 "자네 그러면 안 되네, 외교관 시험은 하늘의 별따기라고들 하네. 자네 아들은 아직 대학교 1학년생이지 않나." 하고 말씀해 주셨습니다. 그랬더니 아버지도 "수고했다."고 하셨습니다.

하나이   동분서주하시던 아버님은 대사가 하버드 대학 재학 중이던 당시, 오십 세로 돌아가셨지요. 아버님은 너무 바쁘셨기 때문에, 대신 어머님이 굉장히 사랑을 베푸셨다고 들었습니다.

가세   아버지가 애정이 없었던 것은 아니지만, 그 시대의 사람은 그걸 표현하려 하지 않는 고지식한 면이 있었으니까요.

하나이   한편으로는 쑥스러우셨던 게 아닐까요?

가세   그런 것 같습니다. 나중에 어머니께 들은 이야기지만, 아버지는 하나이 다쿠조 선생님이 돌아간 다음 내가 없는 곳에서 기쁨의 눈물을 흘리셨다고 합니다.

어머니 이야기

하나이   하지만 어머님이 바쁘신 아버님 몫까지 선생님께 사랑을 쏟아 부으셨습니다. 어린 시절 반장이 되었을 때 하셨던 말씀이 있다고 하던데요.

가세   내가 반장이 되자 어머니는 "다른 아이가 너 정도가 아니어서 네가 반장이 된 거야. 즉, 반 아이들 덕분이니까 모두에게 감사해야 해." 하고 훈계하셨습니다.

어머니는 나를 귀여워 하셨지요. 내가 항상 성적이 좋다며, 언제나 격려해 주고 기뻐하셨습니다.

하나이 아 그러셨습니까?

가세 어릴 때 나는 어머니 뒤만 졸졸 따라다녔다고 합니다. 그래서 외교관 시험에 합격했을 때도 먼저 어머니께 알린 다음 아버지께 말씀드렸던 거지요. 하지만 아버지는 다른 사람 앞에서는 그런 건 관심 없다, 국가 중대사는 아니다 라는 얼굴을 하셨지요. 그런 가정이었습니다.

하나이 외무성에 들어가셨을 때는 어머님께서 사람을 대하는 태도에 대해 대사님께 세세하게 알려주셨다고 들었습니다만.

가세 그렇습니다. 내가 처음으로 외무성에 출근하는 날, 어머니는 아침에 제 앞길을 축복한 뒤 "한 가지 부탁이 있다."라고 하셨습니다. "뭔가요?" 하고 묻자, "아침에 외무성 문을 들어설 때, 그 지위 고하를 막론하고 오늘 네가 만나는 사람이 너를 만나 기뻐할 수 있게 노력하겠다고 맹세하거라. 그리고 저녁에 그 문을 나설 때는 한 걸음 멈춰 서서 아침에 한 맹세를 지켰는지 아닌지 마음속으로 물어보거라. 이걸 반드시 지켜 주렴." 하셨습니다.

어머니는 해안을 측량해서 일본전지도를 만든 지바현 사와라시 출신의 이노 다다타카(伊能忠敬)[8]의 증손녀뻘이 됩니다. 이노 씨 집안이 그 주변에 여러 집 있었지만, 어머니 친정은 커다란 간장 양조회사를 했습니다. 오래된 가문인 만큼 권위가 있었습니다. 그래서 그런 의미에서도 어머니는 "이 아이는 제대로 키우자."라고 생각하셨던 것 같았습니다.

하나이　그런 이야기가 오늘날 일본에서는 가장 중요합니다. 현재 일본은 어머니가 어머니의 역할을 포기하고 여성임만을 강조하여, 비정해지는 사람이 많아지고 있습니다. 그러면 아이에게 얼마나 불행합니까. 나는 그게 세상에 악을 퍼뜨리는 원인중 하나라고 봅니다.

가세　맞는 말씀인 것 같습니다.

어머니는 저의 일로 학교에 가면 대부분 칭찬을 들으셨다고 합니다. 덕분에 어머니로서의 자부심이 생기셨겠지요.

하나이　칭찬하는 것은 중요한 일이지요.

어째서 외교관이 되려고 했는가

하나이　조금 전부터 외교관 시험에 합격한 이야기가 나왔는데요, 외교관 시험을 봐야겠다고 생각하신 이유는 무엇입니까?

가세　글쎄요, 외교관 시험에 합격하면 외국에 자유롭게 갈 수 있다는 이야기를 선배한테 들었습니다. 그래서 외무성에 들어가면 외국 서적을 실컷 살 수 있다고 생각했습니다.

당시 세 평 정도의 방을 혼자서 사용하고 있었는데요, 거의 전부가 책이었습니다. 읽을 수 있든 없든 책이라면 일단 샀으니까요.

하나이　당시 외서 한 권에 얼마 정도 했습니까?

가세   어머니께 "용돈 좀 주세요."라고 하면 "이거 가져가거라."고 하며 5엔 주셨습니다. 마루젠 서점에서는 서가에 사다리를 걸치고 높은 곳에서 책을 꺼낼 수 있어 좋았어요. 5엔 가지고 가면 제법 놀 수 있었지요.

하나이   논다는 것은 책을 산다는 말입니까?

가세   네.

하나이   그게 놀이입니까?

가세   네, 좋아하는 일을 하는 거니까요.

하나이   책은 체계적으로 사셨나요, 아니면 그때그때 내키는 대로 사셨나요?

가세   뭐 내키는 대로 샀습니다.

하나이   그 무렵에 읽고 감명을 받은 책은 무엇입니까?

가세   『안나 카레리나』라든가, 러브스토리가 많았습니다. 집에서는 내가 무얼 읽는지 몰랐지요. 어쨌거나 열심히 공부하는 사람이어서 외국 책을 자주 읽는 줄 알았겠지요. "오늘도 마루젠에 갔습니다." 라고 말씀드리곤 했습니다.

하나이   외국 책이 좋아서 외교관이 되었다고 해도 되겠네요. 왜 도쿄대가 아닌 도쿄상대를 선택하신 겁니까?

가세   형이 있는데 아자부 중학교에서 도쿄대에 들어갔습니다. 나로서는 도저히 넘볼 수 없었지요. 형은 수재여서 공부를 아주 잘했습니다. 그런데 형에게 지지 않으려면 어떻게 해야 할까 생각하다가, 모두가 감탄할만한 대학으로 들어가자고 결심해 도쿄상대에 입학했습니다. 도쿄상대는 영어연극이 활성화 되어 있어서, 영어

연극을 하면 가족들이 보러 왔습니다. 제 경우도 그랬습니다. 여하튼 어려운 예과에 갔으니 책도 얼마든지 사도 된다고 하셨습니다. 동기로는 황후폐하의 아버님인 쇼다 히데사부로(正田英三朗)씨가 있었습니다. 그리고 깃코만의 모기 게이사부로(茂木啓三朗) 회장도 동기였습니다. 예과 학생이라고 하면 사회가 꽤 대접해줬던 기억이 있습니다. 도쿄상대의 학생이 되어 의욕이 넘치고 있었는데, 외교관 시험에도 합격했던 겁니다.

하나이   그렇게 외교관 시험을 통과하자 외무성에서, 대학은 중퇴하고 해외연구원으로 공부하라는 지시가 내려와서, 도합 3년간 외국에서 공부하셨던 거군요.

가세   맞습니다.

하나이   그리고 나서 외국에 부임하셨던 셈인데요, 어디로 가는가 하는 문제에 대해서 당시 영국으로 가고 싶어 하는 것이 일반적이었는데 미국으로 가고 싶다고 하셨다고 하던데요, 그건 왜 그러셨나요?

가세   네, 분명히 외무성 인사관이 "자네 런던으로 갈 생각 아니었나?" 하며 놀라워했습니다. "미국에서는 배일문제가 일어나고 있어서 미일관계가 상당히 어렵네. 영국은 얼마 전까지 영일동맹이 있지 않았나. 뭐니 뭐니 해도 영일관계가 가장 중요하네. 그런데 자네는 미국을 택하다니 알다가도 모를 일이네."라고 했습니다.

그래서 시데하라(幣原)⁹ 외무대신이 '재미있는 녀석이 있다'는 말을 어디선가 듣고 나를 불러, 난생 처음 커다란 장관실에 들어가 봤습니다.

시데하라 씨는 마지막에는 "미국 좋지. 미국으로 가자."라고 했지요. 하지만 미국이 좋을지 영국이 좋을지 아직 잘 몰라서, 약 15분 정도 시데하라 씨의 설명을 들었습니다. 좀처럼 끝나지 않았습니다. 뭐니 뭐니 해도 대영제국이 절정기였던 시대여서, 세계 지도의 4분의 1이 연분홍색으로 색칠되어 있는 영국령이었으니까요. 나는 그때 대신이라는 사람이 이런 한심한 사람인가 하는 생각이 들었습니다. 적어도 나는 시데하라 씨보다는 앞을 내다보고 있는 셈이었습니다.

"영국에 대해서는 모두가 공부를 열심히 하고 있지만 미국은 그렇지 않습니다. 미국에 배일문제가 있다는 건 압니다. 배일문제 같은 거 한둘 있는 게 공부하는 데는 더 적합할 것 같아요."라는 나의 말을 들은 시데하라 씨가 "재미있는 말을 하는군. 알겠네, 가고 싶다면 보내주지."라고 하셨습니다.

그 후 시데하라 씨는 "가세는 기특한 녀석이야. 영국으로 가라고 했더니 미국으로 가겠다고 하더군. 이거 물건이 될 지도 모르겠는걸."라고 하며 나를 꽤 총애하셨습니다.

미국이 좋을지 영국이 좋을지 하는 문제는 고위층이 결정할 문제이고, 나는 "어쨌거나 그냥 내버려두면 일본과 미국의 관계가 상당히 나빠진다."는 생각이었습니다.

당시 외무성 주류의 사고방식에서 보면 영국이 더 나았을 테지만, 나는 그런 경위로 미국으로 가게 된 겁니다.

즐거웠던 베를린 주재 시절

하나이   대사님은 애머스트 대학, 하버드 대학에서 3년간 공부하셨고, 워싱턴, 베를린, 런던에 근무하신 후 외무성으로 복귀하셨습니다.

가세   네, 그렇습니다.

하나이   그 과정에서, 가장 즐거웠던 때는 언제였습니까?

가세   역시 유럽이지요.

하나이   유럽의 어떤 곳이 좋으셨습니까?

가세   화려한 유럽의 중심이, 내가 있던 베를린이었습니다. 바이마르 시절이었어요. 또한 그 즈음이 여러 가지 문제가 일어났던 시절이었지요. 그래서 공부도 되었고, 재미있었습니다.

하나이   거기에다 독일인과 마음이 맞는 일도 있었습니까?

가세   그것도 있지요. 독일인은 까다로운 민족이지만 서로 경계심을 풀면 "자 그럼 진심을 터놓고 이야기를 하자."든지 "내 얘기도 하나 들어 줘."라고 해서 대하기 편합니다. 특히 유럽이 변동하던 시기의 모습을 현지에서 자세히 봤다는 경험은 크게 도움이 되었습니다.

하나이   그 무렵 베를린에서는 나치 독일의 히틀러가 대두했지요.

가세   네. 나도 그 무렵 히틀러를 만나봤는데, 연설할 때 거칠고 촌스러운 독일어를 쓰는 데도 불구하고 대중은 열광했습니다. 내 성미에는 맞지 않았습니다. 아직 나치는 정권을 잡기 전이었습니다. 나치 간부도 질이 안 좋은 사람이 많았지요.

일반론이지만 독일인은 날카로운 공격 성향이 있고, '나는 이렇다.'라고 하면 좀처럼 양보를 하지 않지요. 그래서 진짜 사이가 좋아진 건지 아닌지 의문이 들 때도 있었지만, 열심히 공부하는 민족이에요. 그런 만큼, 부담스러운 민족이라고 생각한 적도 있습니다.

그러나 어쨌든 상호 외교 관계를 맺고 있으니까 상대의 기분을 몰라서는 안 되지요. 어쩌면 상대에게 이쪽의 기분을 전하지 않으면 안 될 때도 있으니까요.

당시는 아직 유럽이 세계의 중심이라고 간주되고 있었기 때문에, 미국은 별개로 치는 입장이었습니다. 런던에서는 조지프 케네디 [10]대사(훗날 존 F 케네디 대통령의 부친)를 여러 번 만났습니다만, 그는 사업가였습니다. 아무래도 미국은 아직 영향력이 큰 나라는 아니라는 느낌이 들었습니다. 그렇지만 독일, 프랑스 정도 되면 상당히 체계가 잡혀 있어서 우리가 이상한 말을 하면 바로 추궁을 하지요. 그런 의미에서 재미있기도 했어요.

독일인과 영국인

하나이 베를린 근무를 마치고, 다음엔 런던에 근무하셨네요. 독일인과 영국인을 비교하면 어떻습니까?

가세 사람에 따라 독일인이 좋을 수도 있고 영국인이 좋을 수도 있고, 차이는 분명 있습니다만, 나는 영국인이 좋습니다. 런던을 좋아합니다. 독일인도 정이 들면 꽤 매력적인 민족입니다. 내 입장에서는, 학생시절부터 영어를 배우며 자랐기 때문에 영국과 우호관계를 유지하고 싶었는데, 그 영국이 독일을 다루기 힘들어하더군요. 독일인은 성미가 과격하고 속마음을 분명하게 말합니다. 정말로 독일인을 좋아하게 될지 아닐지는 그 사람의 취향에 따라 다릅니다. 역시 그 민족을 재는 척도는 여성이겠지요. 여성과 친해지지 않으면 그 나라의 문화는 알 수 없답니다. 독일 여성은 사람을 아주 잘 파악합니다. 이론적이지만 정이 깊지요. 그래서 정말 좋아하게 되면 감당을 못 합니다. 외교관을 하고 있으면 진짜 좋아하지 않는 수준이라도 친하게 지낼 기회가 얼마든지 있습니다. 단, 독일은 히틀러 천하가 되자 차원이 달라집니다만.

바이마르 시절 히틀러를 처음 만났을 때는 솔직히 이상한 놈이라고 생각했지요. "독일인은 이러하다."고 하는 스타일로 다가왔습니다. 영국인처럼 융통성이 있는 것은 아니었어요. 또 프랑스인처럼 세련되지도 않았어요.

그러나 독일인과 깊게 사귄 경험은 꽤 큰 수확이었습니다. 그러나 본심을 말하지 않고 완고해서, 같이 흉금을 털어놓고 한잔 마시자는 건 좀처럼 안 되더군요.

하나이 그런 독일과 일본은 왜 삼국동맹에 이르렀던 건가요?

가세 이건 역시 수수께끼지요. 사실 그런 것과는 관계없을 텐데, 그건 역시 많은 일본인이 독일 국민에게 큰 매력을 느꼈던 거지요.

하나이 정치적 혹은 군사적으로 볼 때, 독일이 들어가 있는 삼국동맹에 일본이 들어간다고 하는 건 미국 입장에서는 무척 피하고 싶었을 겁니다.

가세   그렇지요.

하나이   그런데도 일본이 독일과 동맹을 맺었다는 것은 어떤 의미일
      까요?

가세   역시 그 무렵, 일본은 영국과 잘 안 되고 있었지요. 전에는 '우리
      영국'이라느니 했던 시절이 있었습니다만, 영국을 의지할 수 없게
      되자 영국을 나 몰라라 하고 독일로 기울어버렸습니다.
      독일인은 꽤 남성스러운 면이 있는가 하면 여성스러운 면도 있지
      요. 그리고 영국인과 달리 눈물이 많아요. 일본인은 눈물이 많은
      걸 좋아하니까요.
      나는 미국, 영국에서 성장한 외교관 입장이라 삼국동맹 때는 당
      치도 않은 일이라며 반대했지요. 삼국동맹은, 독일인을 이용하려
      했으나 거꾸로 이용당하는 결과를 초래하고 말았던 겁니다.

스탈린과 마쓰오카 요스케

하나이   지금부터는 인물론을 여쭙겠습니다. 스탈린[11]이며 처칠[12] 등 거물
      을 아는 사람은, 적어도 외교계 원로 중에서는 가세 대사가 유일
      할 것 같습니다.

가세   어느 사이엔가 그렇게 됐습니다.

하나이   그래서 먼저 스탈린이라는 남자, 이 사람은 어떤 인물로 보이셨
      나요? 아마도 가세 씨는 가장 근접 거리에서 스탈린을 보셨을 겁
      니다.

가세   처음엔 스탈린을 만날 거라고는 생각도 못 했습니다. 당시 외무
대신인 마쓰오카 요스케(松岡洋右)[13]라고 하는 사람은 대단한 사람
이었습니다. "스탈린을 만날 거야. 그냥 보고 있게나."라는 말을
그에게 듣고 저는 깜짝 놀랐습니다. 그런 점에서, 보통 사람보다
배포가 크다면 큰 거지요. 내가 "그래요? 만나게 됩니까?" 하자,
그는 "그럼, 만나도록 해야지."라고 하셨습니다.

그래서 스탈린에게 "당신을 만나서 이야기를 하고 싶다."고 제의
한 겁니다. 스탈린은 세계적 거두 중의 한 사람이었습니다. 나는
쉽게 만날 수 있으리라고는 생각도 못했지요.

마쓰오카 씨는 "이보게, 나는 마쓰오카 요스케일세. 스탈린도 상
대방은 도대체 어떤 사람일까 하고 생각했겠지. 스탈린은 분명
자네가 알고 있는 마쓰오카 요스케보다 한 수 위인 그런 인물을
상상하고 있을 걸세."라며 기염을 토했지요.

나는 마쓰오카의 비서관이니까, 그와 비슷한 상황은 여러 곳에서
있었습니다. 스탈린뿐만 아니라 수상 겸 외무대신이었던 몰로토
프와도 만났습니다.

통역은 제법 경험이 있는 모스크바 일본 대사관의 미야가와(宮川)
라는 사람이 맡았습니다만, 그는 자신이 입회했던 경우는 잘 해
내지만, 그 외에는 감을 잡지 못했지요.

마쓰오카 씨는 "무엇이든 물어보게, 자네라면 내가 아는 건 다 말
할 테니까."라고 하셨습니다. 대신과 비서관이라기보다도 한 팀
과도 같은 관계였습니다.

나는 스탈린의 입장을 생각했습니다. 스탈린을 화나게 해서는 안

일소중립조약 조인식. 서명하는 마쓰오카 뒤가 스탈린. 오른쪽 옆이 가세 비서관

되니 스탈린이 기뻐할 일을 한번 해보자 하는 속셈이 있었습니다. 그는 내가 만든 무대에 나왔습니다. 일소중립조약[14]의 조인식 (1941년 4월 13일) 사진을 보셔도 아시겠지만 나는 스탈린 바로 왼쪽에 있습니다. 그건 마쓰오카 씨가 "자네는 저기 서게나." 하셨기 때문입니다. 내 위치를 정확하게 생각해 두었던 거지요. 마쓰오카 씨는 "나중에 여러 말이 있을 테니까."라고 하셨습니다.

하나이   마쓰오카 씨는 무슨 생각으로 일소중립조약을 하신 건가요?

가세   오, 역시 대단하시네요. 그런 질문을 하신 분은 많지 않습니다. 하지만 바로 그것이 나 자신도 "이 부분은 확실히 하고 싶다."고 생각했던 의문점이었습니다. 마쓰오카 씨는 "나한테 맡겨. 적당히 해낼게. 스탈린? 거, 아무 것도 아니야."라고 하셨습니다. 이것이 마쓰오카 스타일입니다. 내가 마쓰오카 외무대신에게 어려운 일이라고 솔직하게 말씀드렸습니다. 듣고 있던 그분도 무리라는 것을 알면서 나를 대했던 부분이 있었지요. 매력 있고 재미있는 분이셨습니다.

하나이   마쓰오카 씨의 인물론을 들려주십시오.

가세   중립조약으로 이야기가 가기 전에, 마쓰오카 스타일의 표현을 쓰
자면 스탈린을 어떻게 '요리할까?' 하고 생각해야 했습니다.

그래서 마쓰오카 씨가 그렸던 구상이라고는 하지만, 좀 더 다른
형태의 것을 생각했었는데 중립조약만으로 끝이 났습니다. 마쓰
오카 씨는 일본, 소련, 독일, 이탈리아가 동맹을 맺으면 미국을 억
제할 수 있을 것으로 생각했습니다. 중립조약은 그 입구였지요.

상대도 간단히 문을 열지 않았지요. 하지만 그러는 동안에 스탈
린의 측근 중에도 이런 저런 말을 하는 사람이 있어, 그도 "이 기
회를 이용하면 일본을 잘 포섭할 수 있겠다."고 생각했던 건 사실
입니다.

일본에서는 외무성 국장 같은 사람도 같이 갔으니까, 그들 입장
에서는 좀 생각해 볼 일이라고 하는 말이 나왔습니다. 스탈린을
우리가 이용할 수 있다고 하기보다, 무서운 상대라고 여겼던 것
같습니다.

하나이   한 수 위네요.

가세   그렇지요. 게다가 그 누구도 진짜 스탈린을 모르니까요.

그에 비해 마쓰오카 씨는 적극적으로 나섭니다. 이 사람이구나
하면 흉금을 털어놓고, 다른 사람이었다면 도저히 할 수 없는 이
야기를 합니다. 그게 마쓰오카 요스케의 매력이겠지요.

스탈린도 그런 식으로만 일을 했던 인간인지라, 무서운 아저씨입
니다. 그러나 마쓰오카 씨는 "내게는 할 일이 있다. 스탈린도 이야

기를 하면 이해할 것이다."라는 속셈이 있었지요. 그리고 분명 상호간에 서로 묵인하는 부분이 있었습니다.

하나이 마쓰오카 씨는 지금까지의 외교 리더 중에서는 좀처럼 생각할 수 없는, 즉 지금까지는 한 개의 공만을 노리고 외교를 했다면, 마쓰오카 씨는 당구처럼 그 공이 앞으로 어떻게 움직일 것인가를 예측하고 한다는 특색이 있었던 것 같습니다.

가세 그렇습니다. 그래서 측근인 나는 마쓰오카 스타일의 외교를 이해하면서도, 그 점은 건드리지 말고 스탈린 쪽에서 실토하게 하는 방법을 생각했던 겁니다.

마쓰오카 씨도 "알겠네, 이 이야기는 자네와 나밖에 모르니까 그쯤 알고 처리해 주게."라고 하셨습니다. 마쓰오카 씨도 내가 보고할 때마다 "그런가."라고 하셨지만 절대 말씀 그대로 그렇다고 생각했던 것도 아니었지요. 꽤 협상을 잘 하는 사람이었습니다.

왜 일·독·이 삼국동맹을 맺었는가

하나이 마쓰오카 씨 얘기가 나온 김에, 일·독·이 삼국동맹[15] 이야기를 여쭙고 싶은데요, 그 삼국동맹이란 것은 마쓰오카 씨의 발상이지요?

가세 그건 말이죠, 꽤 긴 역사가 있지만 간단하게 말하면 그 말이 맞습니다. 마쓰오카가 없었다면 삼국동맹은 불가능했습니다.

하나이 독일과 일본이 손을 맞잡으면 미국과 영국 모두 분노하리라는 것을 알면서도 굳이 삼국동맹을 맺었던 이유는, 곁에 계셨던 가세 비서관이라면 아시지 않았겠습니까?

가세 상당히 이해하기 어려웠어요. 이해하기 어려웠지만, 어쨌든 아침부터 밤까지 비서관으로서 같은 목적을 추구하고 있었으니까, 힌트를 주셨습니다.

마쓰오카 씨는 "이제부터 모스크바에 가네."라는 식으로 간단하게 말합니다. "어떤 준비를 하셨나요?" 하고 묻자, "그걸 하는 것이 자네 역할이겠지."라고 하고 그걸로 끝!

왜 삼국동맹을 만들었는지 말을 하자면, 여러 가지 복잡한 사정이 있지요. 어떤 경우에는 "사람을 깜짝 놀래주려고."라고 할 때도 있었고, 어떤 경우에는 "형식적으로라도 그런 것을 만들어 둘까요?"라는 식의 연기도 했던 것 같습니다.

하나이 마쓰오카 씨는 젊을 때 미국에서 고학하면서 공부하셨어요. 그리고 당시, 때마침 배일운동이 한창이었지요. 그런 일이 그의 외교에 영향을 주었습니까?

가세 물론 영향을 주었지요.

그분은 장학생으로 미국에 건너갔지만 포틀랜드라고 하는 시골마을의 대학에 가서 고학했지요. 이를테면 허드렛일이나 접시닦이 같은 일을 해서 학비를 벌었지요. 일반적인 사람은 고학이라고 하면 말 그대로 고생한다는 느낌을 갖지만, 마쓰오카 씨는 그런 면에 있어 아무렇지도 않은 것처럼 태연했어요. 포틀랜드에 있던 어떤 여성과 친하게 지냈지요.

하나이 그러셨어요?

가세	미국은 자신의 은인이라고 생각하셨습니다. 말하자면, 용케 혼자서 이렇게 많은 일을 할 수 있구나 하는 생각에 감탄했던 거지요. 마쓰오카 씨는 일본인치고는 드물게 다변에다 웅변가였습니다. 이것도 미국에서 자랐기 때문이지요. 뭐든지 이야기를 해두고, 들어두는 편이었습니다. 밤늦게 마쓰오카 씨의 방에서 전화가 와서 "잠깐 와주지 않겠나."라고 하셨지요. 그 잠깐이 아주 길었습니다.
하나이	그렇군요.
가세	"가세라면 아무리 긴 이야기를 해도 지겨워하지 않는다."고 하셨지요. 그런 사정이 겹쳐 스탈린과 마쓰오카, 일소중립조약, 그리고 방금 물으셨던 삼국동맹이란 것은 운명을 같이 하게 됩니다. 마쓰오카 씨는 "다른 사람에게는 말하지 않았네, 자네한테만 이야기 한 걸세."라고 했고, 나는 그대로 실행했습니다. 보람 있다는 생각에 자부심이 생겼습니다.
하나이	그런 마쓰오카 씨가 왜 삼국동맹을 맺었는가 하는 점에 대해서는, 어디까지나 머릿속에 미국이라는 존재가 있어서, 미국과 일본의 관계 악화를 막고 가능하면 좋은 상태를 유지하고 싶어서 삼국동맹을 맺었다고들 하는데요.
가세	그건 수수께끼예요. 나는 사실 마쓰오카 씨가 돌아오라고 해서 런던에서 일본으로 돌아와 오랜만에 마쓰오카 씨를 만났지요. 먼저 나는 "도대체 왜 삼국동맹을 만드셨습니까?"하고 물었습니다. 마쓰오카 씨가 삼국동맹을 본심으로 만든 것은 아니라는 인상을 받았으니까요. 그랬더니 그는 웃음을 터뜨리며 "이보게나,

그 대답을 하는 것은 지금은 시기상조네. 잠시 내게 맡겨두게. 반드시 자네가 납득할 장면이 나올 걸세. 그때까지는 이 질문에 대한 대답은 보류하네."라고 하셨습니다.

그 분은 복잡한 사람이었으나 계산이 빨랐지요. 그래서 "이 남자에게는 한번 삼국동맹을 어필해 보자."든지, "여기에는 고노에를 어필해 보자."든지 여러 가지가 있었지요. 어느 정도까지만 가면 우리도 "과연 그렇군요." 하고 이해할 수 있는 장면도 있습니다.

하나이 마쓰오카 요스케는 삼국동맹 때문에 정계를 떠나게 된 셈이네요. 그때 마쓰오카 씨 자신은 일본 외교를 떠난다는 것을 다행이라고 생각하셨나요? 아니면 굉장히 유감이라고 생각하셨나요, 어떠셨는지요?

가세 그 분은 모든 것을 다 말하지 않아요. 자신이 중요하다고 생각하는 부분만 이야기 하지요. 그게 우리에게는 아주 매력적이었지요. "그 이야기는 오늘은 그만두자고. 언젠가 말을 할 기회가 있겠지. 오늘은 우선 여기까지일세."라는 식이고, 그런 다음에는 같이 한잔 하지요. 젊은 사람을 움직이는 능력이 상당하셨어요.

개중에는 "삼국동맹 따위, 당치도 않다."는 반대 의견을 가진 사람도 있었지만, 마쓰오카는 "그는 아직 모르고 있네. 이건 마쓰오카라고 하는 사람을 모르면 할 수 없는 일이지."라고 했습니다.

어쨌든 나는 마쓰오카의 비서관을 해서, 삼국동맹에 의문을 가지면서도 역시 마쓰오카라는 인물을 좋아했습니다. 진담을 하시기 때문입니다. "이 이야기는 다른 사람에게 하면 곤란하네." 하시면, 나는 젊으니까 기뻤습니다. 마쓰오카 씨는 버팀목 역할을 잘 하셨습니다.

하나이 앞에서 말씀하셨다시피 보통 외교가는 한 개의 공(나라)을 노립니다. 그렇지만 마쓰오카 씨는 두 개, 세 개의 공을 노리고 하는, 이른바 당구외교라고 하는데요, 그런 표현은 적합합니까?

가세 거의 맞습니다. 스스로도 검토해서, 이걸 다른 사람이 어떤 식으로 받아들이고 해석할지를 대강 알고 있습니다.

하나이 마쓰오카 씨는 한마디로 천재신가요?

가세 글쎄요, 우리도 좀처럼 본심을 파악하지 못하는 부분이 있습니다. 그러나 "자네에게 맡기네." 라고 하면, 진짜로 맡겨주셨지요.
외교 교섭 때, 예를 들어 마쓰오카 외무대신은 모스크바에서 소련 간부와 이런저런 이야기를 나누고 뒤에서 무대를 조종했습니다.

하나이 그런 마쓰오카 씨가 삼국동맹에 모든 것을 걸면서 노무라 씨 밑에서 미일교섭을 추진하는, 이른바 양다리외교를 펼치시는 걸 보고 굉장한 위기감을 느끼지는 않으셨나요?

가세 아뇨, 괜찮을까 하는 마음은 있었지요. 그러나 마쓰오카 씨는 "괜찮네, 내게 맡겨 주게, 같이 고생 좀 하자고." 라고 했지요. 그 말을 듣고 나는, 그가 그렇게 말했으니까 괜찮을 거라고 생각했지요. 신의 가호를 받는 사람이니까요.
"이제부터 앞날은 어떻게 될지 모르네. 하지만 내가 건재하는 한, 해 낼 걸세. 그때 자네는 꼭 도와줘야만 하네. 나는 자네만 믿네." 라고 하셔서 기뻤어요. 삼국동맹도 일소중립조약도 미일 관계의 회복으로 가는 입구라고 생각했던 거지요.

나는 여러 사람의 비서관을 하고, 시게미쓰 마모루 씨와도 꽤 친밀한 관계여서 다각도로 협력을 했습니다만, 이 사람은 도대체 어디가 재미있나 싶었어요. 시게미쓰는 나를 비롯해 사람을 얕보는 경향이 있는 것 같았습니다. 그리고 이해가 잘 안 되는 말을 하기도 해서, 정말 어쩔 수가 없는 남자구나 하고 생각하기도 했어요. 그렇지만 어느 정도까지는 정말 재미있는 사람이었습니다. 마쓰오카 씨가 훨씬 남자다웠지요.

나는 점차 중요한 일을 하게 되었습니다. 그렇게 되자, 일에 지나치게 몰두한 나머지 힘에 겨워졌어요. 하지만 제대로 해보려는 의욕은 한층 더 솟아났지요.

마쓰오카 요스케와 고노에 후미마로

하나이 마쓰오카 씨와 고노에(近衛)[16] 씨는 사이가 좋았나요, 나빴나요?

가세 상황에 따라 달랐지만, 처음에는 고노에 씨가 마쓰오카 씨를 눈여겨봤지요. 그리고 마쓰오카 씨를 외무대신으로 앉힌다는 이야기는 내가 모르는 곳에서 정해진 것 같았어요.

마쓰오카 씨는 고노에 씨에게 "총리, 이젠 마쓰오카가 움직여야 할 때가 온 것 같습니다. 이 마쓰오카에게 한번 맡겨주시면 전력을 다해 미일 관계를 단번에 타개하겠습니다."라고 했던 것 같아요. 당시에 나는 젊었기도 해서, 마쓰오카 씨가 "고노에를 어떻게 활용할까?" 하고 상담하면 크게 감동했지요.

하나이	고노에 씨는 마쓰오카 씨가 군인을 통제할 수 있다는 점을 높이 사서 외무대신에 앉혔다고 하던데요.
가세	마쓰오카 씨는 군인을 통제하는 힘이 있었지요. 마쓰오카라고 하는 사람은 말로 설명하기 어려운 사람입니다. 군을 치켜세우며 자기편으로 만들려고 했지요. 사람을 감명시키는 재주가 있었습니다.

예를 들어 단순한 비서관인 내게 "이제부터 하는 말은 극비야."라는 레벨의 이야기를 해주었지요. 당시 나는 젊었고, 정말로 그를 좋아하게 되었지요.

베를린을 방문했을 때는 마쓰오카 씨와 내가 같은 공관에 묵었어요. 그래서 마쓰오카 씨와 큰소리로 이야기를 하면, 감청 당해 바로 독일이 알게 되었지요. 그걸 인지하고 나서 엉뚱한 말을 할 때가 있었어요. "이보게, 외교란 건 말일세, 해서는 안 될 말을 하는 데 의미가 있는 거네."라고 했습니다. 그리고 "히틀러에게 '일본이 일어설지 못할지는 당신 태도 여하에 달려 있소!' 라는 기세로 나가는 거다."라고 했습니다.

마쓰오카 씨는 공관에서 자신의 술책을 강구했습니다. 밤늦게야 일이 끝난 나는, 큰 소리를 내지 않으려고 조용히 돌아왔습니다. 그러자 "지금 왔는가." 하는 마쓰오카 씨의 목소리가 들렸습니다. 내가 "네, 이제 왔습니다."라고 하니 "잠깐 이리 와보게나." 하셔서 들어가 뵈니, 책상에 놓인 어머니 사진 앞에 무릎을 꿇고 앉아 향을 피우고 계셨지요.

"우리 어머니 사진이네. 자네 어머니도 자네를 끔찍이 아끼셨다고 들었네만, 우리 어머니는 세계 최고셨지." 하며 눈물 나는 이야기를 합니다. 그리고 "자네 어머니도 훌륭한 어머니셨겠지."라고 했지요. 내가 그렇다 아니다 말하기도 전에 마쓰오카 씨는 혼자서 결정을 내렸어요. 그런 면을 봐도, 어딘가 사람을 조종하는 솜씨가 능란했다고 할 수 있지요.

또한 주변에, 정말로 마쓰오카가 나에게 푹 빠져 있다는 것을 알리려고 했습니다. "가세는 좋은 사람이지요." "가세 군을 소중하게 여기고 있습니다." "나는 마음대로 가세를 부릴 수 있으니까, 이의 없습니다."라는 식으로 쉬지 않고 말을 늘어놓았습니다. 난사람이었지요.

그런 점에서 보면 고노에 씨는 아무것도 아니지요. 고관대작의 자제일 뿐입니다.

하나이   마쓰오카 씨와 고노에 씨는 사고방식이 닮았다는 말도 있던데요.

가세   어떤 점에서는 닮았습니다. 삼국동맹을 만든다는 말에 "그건 안 된다."며 반대하는 사람이 많았지요. 그러나 아무렇지 않게 그걸 말합니다. 그리고 두 사람은, 과연 그럴까 하고 생각하게 만드는 그런 이야기를 합니다.

마쓰오카 씨는 내게 "고노에? 고노에는 괜찮네, 내가 적당히 처리할 테니까. 자네는 말이야, 고노에보다도 이 마쓰오카를 잘 이용해 보게나." 하는 말을 태연하게 했지요. 나는 재미있어서 웃음을 터트린 적도 있습니다.

하나이   마쓰오카 씨는 젊을 때 미국으로 유학 갔다 일본으로 돌아왔는데, 어쨌거나 효심이 깊다는 말이 나온 이유가 있었습니다. 한 예로, 마쓰오카 씨가 욕조에 들어가면 어머니가 등을 씻겨주셨지요. 그런 것 때문에 어머니를 정말 존경했다고 하더군요.

가세   그건 확실합니다.

하나이   마쓰오카 씨는 오리건 대학을 졸업하고 하버드 대학에 가려했을 때 어머니가 돌아가시는 바람에, 하버드 가는 걸 그만두고 일본으로 돌아왔다고 합니다. 바로 이 점, 어머니가 돌아가시지 않았고 하버드에 갔다면 역사는 달라졌을지 모르지요.
마쓰오카 씨의 사고방식과 고노에 씨의 사고방식이 역시 상충하지요?

가세   자연스럽게 그랬습니다.

하나이   어디서 엇갈린 겁니까?

가세   마쓰오카 씨는 나처럼 가장 신뢰해야할 비서관에게도 별로 말이 없으셨습니다. 말은 없지만 "이 정도 얘기하면 알아들었겠지. 그래도 모른다면 비서관 자격이 없네."라고 하지요. 사람도 능수능란하게 잘 부립니다.

하나이   인정미도 있으신 거네요. 역시 미국에서 고생했다는 뜻이겠지요.

가세   그렇지요. 미국에서 고생한 까닭이지요.

하나이   가세 씨는 애머스트 대학과 하버드 대학으로 유학 가셨으니까, 동부네요. 그래서 영국으로 가지 않고 미국을 택했습니다. 그건 배일운동이 미국에는 있고 영국에는 없으므로 미국을 살펴보아야 한다는 생각에 가셨던 거지만, 동부 쪽은 마쓰오카 씨 있던 서부보다 배일운동이라는 면에서는 오히려 나왔던 건 아닌가요?

가세   아, 그런 건 있었지요. 커다란 나라니까요. 동부 쪽이 세련되었지요. 게다가 나는 외교관 신분으로 유학 간 거라, 마쓰오카 소년과는 달랐어요. 포틀랜드라는 곳은 시골이에요. 그래서 이런 시골에 가봤자 별 볼일 없겠구나 하는 생각이 들었어요. "포틀랜드 같은 곳에 가서 도움이 될까요?" 하고 아무렇지 않게 마쓰오카 씨에게 물었지요. 평소라면 화를 냈을 테지만 "나는 이 외교관을 총애한다."라고 공언했기 때문에 화를 내지도 못했지요.

그런데 나도 어쩔 수 없이 여러 사람의 비서관을 지내야 했습니다. 그래도 재미있었어요.

마쓰오카 요스케와 노무라 기치사부로

하나이 대동아전쟁을 회피하는 것이 불가능했던 가장 큰 이유는 노무라 기치사부로(野村吉三郎)[17] 대사 등 비전문가가 외교에 손을 댔기 때문이라고 하는데, 그 점은 어떤가요?

가세 글쎄요. 노무라 대장은 사람은 좋은데 전후 사정을 어설프게밖에 이해하지 못했지요.

노무라 씨가 미국에 대사로 부임하려는 단계에서, 마쓰오카 요스케는 나에게 "노무라 씨가 도대체 어떤 마음으로 행동하는지 확인해 달라."라고 부탁을 했습니다. 노무라 씨는 호인이지만, 사실은 아무것도 몰랐던 것 같았어요.

내가 노무라 씨한테 마쓰오카 요스케의 편지를 가지고 갔는데, 그때 마쓰오카 씨는 "이 편지를 노무라에게 전해 주게. 그리고 자네는 무슨 말을 전달하려는 건지 알고 있는 게 좋을 거네. 그러니 이걸 읽어 보게."라고 하며, 두루마리에 적힌 긴 편지를 내게 보여주고 "단, 다른 사람에게 말하면 곤란하네. 자네와 나만의 이야기일세."라고 하셨습니다. 나는 감격했지요. 그리고 "자네가 생각하는 게 있으면, 그건 안 된다든지, 이건 좋다든지, 이 자리에서 말해 주게."라고 했던 마쓰오카 씨는 상당히 호방한 사람이었습니다.

마쓰오카 씨는 "나는 자네가 찬성할 거라고 믿고 있네. 그렇지?"라고 했지요. 나는 "말씀하신대로, 미력하나마 최선을 다하겠습니다." 했더니, "자네의 미력이라는 건 엄청난 걸세. 앞으로 1, 2년 지나면 자네는 '마쓰오카 일을 해서 다행이었어.'라는 생각을 하게 될 걸세." 라고 하셨습니다. 그처럼 거드럭거리는 면도 있었습니다.

그리고 그는 마지막으로 "그거면 돼. 이보게, 이제 모든 게 다 해결됐어. 마쓰오카와 가세가 둘이서 힘을 합치면 못 할게 없지."라고 강하게 말했지요. 그런 점이 매력적이었어요.

하나이   그 노무라 대사에게 보낸 편지는 어떤 내용이었습니까?

가세   그건, 대강 짐작하셨겠지만 노무라 씨가 마쓰오카 씨의 일 처리 방식을 잘 이해하고 선처를 바란다는 내용입니다. 하지만 노무라 대장에게는 그렇게 썼으면서도 내게는 "노무라라는 사람은 말이야, 별로 능력이 없는 남자더군. 허나 사람은 좋지. 사람이 좋다보니 가끔 엉뚱한 실수를 저지르기도 하지."라고 했지요.

내가 "그런 사람을 왜 중요하게 쓰시는 겁니까?"하고 묻자, "그건 이보게, 노무라가 도움이 될 때도 있지만 전혀 도움이 되지 않을 때도 있지. 나는 도움이 되지 않는 노무라를 썼다네. 도움이 되는 사람은, 뭐니 뭐니 해도 자네 아닌가. 자네가 움직여주면 돼. 그렇지만 노무라에게도 입장이 있어. 노무라 뒤에는 해군이 있네. 노무라가 아니라 해군이야. 거기까지 신경을 쓰지 않고 행동하면, 외교는 못 하네."라고 하셨지요.

그 사람은 사람 부리는 걸 잘 했어요. 내가 반할 수밖에 없을만한 말들을 알고 있었습니다.

요시다 시게루와 시게미쓰 마모루

하나이 방금 전에 비서관이라는 말이 나왔습니다만, 가세 씨는 런던에서 요시다 시게루(吉田茂)[18], 시게미쓰 마모루 주영 대사의 비서관을 하셨습니다. 두 분을 비교하면 어떻습니까?

가세 시게미쓰 씨가 치밀합니다. 꼼꼼하게 생각을 하지요.

하나이 즉, 머리가 좋군요.

가세 요시다 씨는 아주 무책임한 면이 있어요. 그런데 무책임한 사람은 내가 아닐까 생각해보니 그건 아닙니다. 여차하면 본성을 드러내지요. 그러니까 외교관보다는 외교가라고 하는 게 좋겠네요. 외교가로는 마쓰오카 씨가 시게미쓰 씨보다 위지요. 시게미쓰 씨도 나름 멋있는 사람이었고 나도 같이 꽤 고생을 했지만, 진정한 의미에서 외교를 하는 사람은 마쓰오카 씨지요.

하나이	이제 요시다 시게루 씨에 관해 여쭙고 싶은데요, 요시다 씨라는 분은 어떤 사람입니까?
가세	자기중심적이에요. 그것도 세상에서 제일 이기적인 사람이지요. 그러면서도 어딘가 소심해요. 나를 꽤 총애하셨습니다. 나도 거기에 부응해 "아, 이런 걸 생각하고 계시는구나."라든지 "지금의 심정은 이러시구나." 하는 걸 알았습니다. 또한 비서관은 그 정도 눈치가 없으면 실질적인 업무는 할 수 없기도 합니다.

요시다 씨도 어지간히 본심을 이야기 하지 않는 사람이어서 "아, 그건 이보게나, 나중에 이야기 하세."라고 하며 피할 때도 있었습니다.

하나이	요시다 씨는 오쿠보 도시미치(大久保利通)[19]의 혈통을 이어받았지요(오쿠보의 손녀가 요시다의 아내). 오쿠보라는 사람은 비상한 현실주의자입니다. 그래서 저는 요시다 씨도 현실주의자였다고 생각하는데, 어떠셨나요?
가세	그렇다고 생각합니다. 그래서 좀처럼 자기 본심은 표현하지 않았지요. 그런 점은 시게미쓰 씨도 마찬가지였습니다. 여간해서 남에게 털어놓지 않아요. 주위에 있는 우리 동료나 선배는, 두 사람에 대해 "마음을 여는 일이 없는 어려운 사람이다."라고 생각했던 것 같습니다.
하나이	요시다 씨는 시게미쓰 씨보다는 본심을 말하는 편 아닙니까?
가세	역시 아주 잘 보셨습니다. 보신대로입니다.

시게미쓰라는 사람은 본심을 말하지 않고, 속내를 드러내려 하지 않는 사람이었습니다. 그 사람은 어두워서요.

그러고 보면 요시다라는 사람은, "누가 뭐라 하든 나다."라는 식이어서, 아무렇지도 않게 말을 하지요. 그러면 제가 걱정돼서 "그런 말씀은 안 하시는 편이 좋을 것 같습니다."라고 하면 "왜, 안 돼?"라고 하시니까요. 뭐 재미있는 분이셨습니다.

하나이 요시다 씨는 "전부 맡길 테니까 자네가 쓰게."라며 통째로 위임을 하는지, 아니면 "이거, 이거, 이거는 포함시키게나." 하는지, 어떤 타입입니까?

가세 어느 쪽인가 하면, 전자이지요.

하나이 요시다 씨는 전전, 전후를 통틀어서 앞을 내다보는 택틱스(전술) 구사법이 가장 뛰어난 사람이라고 봅니다.

그렇지만 도쿄대를 27세에 나와 외무성에는 꽤 늦게 들어왔지요. 또 자기중심적이고, 여러 가지 일을 저질렀습니다. 그럼에도 그 후 결국 화려한 길을 걸었던 이유는, 오쿠보 도시미치의 혈통을 이어받았기 때문 아닙니까?

가세 확실히 요시다 씨는 오쿠보 도시미치에게 심취하고 있었습니다. 또한 우리도 당시 여러 사건에 대해 오쿠보 씨가 취한 조치에 대해서는 공부가 되었다고 생각하며 몹시 존경하고 있었지요.

그러나 요시다 씨도 시게미쓰 씨도 그 정도의 인물이 되면, 좀처럼 제가 적당히 처리 할 수는 없지요.

하나이 그건 역시 메이지유신이라는 대업을 달성하고, 그 분위기에 동참했던 인물들이 나중에 리더가 되어서가 아닐까요? 그런 사람은 군에도 있었습니다. 그러나 이후에는 점점 스케일이 작아졌지요.

가세 맞습니다. 나는 히로타 고키(広田弘毅)[20], 도고 시게노리(東郷茂

德)[21], 시게미쓰 마모루, 역대 외무대신을 모셔서 잘 압니다. 상대
방도 나를 잘 알아서, 건방진 녀석이라고 생각하실 수도 있지만,
이 녀석은 의지가 되는구나 하고 생각해 주기도 했어요. 그 중간
이 어느 정도일까 하는 거지요.

나는 건방진 행동은 별로 하지 않았습니다만, 어쨌든 나를 이용
하면 다른 사람들한테서는 알 수 없는 정보가 상사나 선배의 머
릿속으로 들어가고, 그것을 적당히 잘 처리하고 있다는 것을 알
수 있습니다. 그것도 재산입니다. 그래서 자연스럽게 그렇게 되
었다고 하면 그렇지만, 나도 총애해 주시는 만큼의 일은 한 셈입
니다.

나는 요시다 씨에게는 혹사를 당했습니다. 혹사당하긴 했지만 요
시다 씨도 우리 때문에 고생했지요. 우리도 훌륭한 외교관이 되
고 싶다고 생각했습니다.

요시다 씨가 주영대사를 그만두고 런던에서 일본으로 돌아갈 때,
밴쿠버까지 배웅했던 사람은 나와 내 아내뿐이었습니다. 일본인
은 그런 맺고 끊는 게 분명해서, 저 사람은 이제 낙향하는구나 하
면 배웅도 가지 않지요. 요시다 씨가 아내와 나를 아껴주시기도
했지만, 배웅해 드릴 때 "자네와는 언제라도 만날 수 있네."라고
하며 손수건으로 눈물을 훔치는 면도 있는 분이셨습니다.

요시다 씨는 그런 것을 아는 사람이었습니다. 한때는 런던에서
손쓸 수가 없을 정도로 어려운 처지에 빠졌어도, 그만큼 고집이
있는 사람이니까 컴백할 수 있었던 겁니다.

하나이   요시다 씨는 이를테면 차이나 스쿨. 가세 씨는 유럽 스쿨이지요.

스쿨[22]이라는 것은 두 개뿐이었습니까?

가세 더 있습니다. 아메리카 스쿨. 심지어 아메리카 스쿨은 만만치 않았습니다. 한때 나치 독일을 숭배하는 추축파도 생겼었지요. 나는 라벨을 붙인다면 영미파예요. 대륙파에 맞서는 해양파지요.

하나이 요시다 씨는 차이나 스쿨이어서, 말하자면 이류의 길을 걸었지요. 하지만 오쿠보 도시미치의 차남인 장인 마키노 노부아키(牧野伸顕)[23]라는 사람이 뒤에 버티고 있다는 점도 있어, 마지막에 외무대신까지 하고 전쟁이 끝났지만요, 원래 스쿨이라는 것은 어떻게 나누는 건가요?

가세 누군가 한 명이나 두 명, 중심이 되는 사람이 있지요.

예를 들어 요시다 씨는 런던에 있을 때는 재능은 있으나 인정을 못 받아, 이렇다 할 일이 없어서 울상을 지으며 일본으로 돌아왔지요. 그 런던 시절에 나는 요시다 씨에게 혹사당했으나, 친한 사이가 되었어요. 그가 총리대신을 하며 크게 위세를 떨칠 때까지 함께 했지요. 사이가 오래 지속되다 보면 일어설 때도 엎어질 때도, 즉 기복이 다 있지요. 그 기복에 연연하지 않고 관계를 이어가는, 오랜 사이지요.

그런데 오이소(大磯)에서 "지금 뭐를 하고 있나?" 하고 전화가 와서 "아니요, 그냥 쉬고 있습니다."라고 하자 ─"공부하고 있습니다."라는 말을 하면 웃으실 테니까─ "아, 마침 잘됐네. 맛있는 생선이 생겼는데, 누군가에게 대접하려고 해도 자네 말고는 이 좋은 생선을 대접할 사람이 없네."라고 하시는 거예요. 그래서 "그러면 바로 찾아뵙겠습니다." 하고는 직접 작은 차를 몰고 요시다 씨 댁으로 갔지요.

요시다 씨는 내가 돌아갈 때는, 비가 오든 눈이 오든 언제나 반드시 차타는 곳까지 배웅해줄 정도로 예의가 깍듯한 분이셨습니다. 그리고 요시다 씨 댁에는 장미가 잔뜩 심어져 있었는데, "부인께 장미를 갖다 드리게."라고 하셨어요. 솔직히 말하면 사실 기분 좋지요.

요시다 씨는 돌아가시기 1주일 전에 전화를 걸어, "자네 뭐 하고 있나?"라고 하셔서 "무슨 일 있으십니까?" 하자, "일 없으면 전화하면 안 되나?" 하셨는데, 그 분다운 말씀이셨습니다. "이런 자료는 없겠지?" 하셔서, 제가 마침 갖고 있던 자료를 가지고 가자 좋아하며 많은 이야기를 하셨습니다.

요시다 씨는 깐깐한 성격이기도 해서, 다른 일에 관여하면 "어이, 이상한데 가서 뭐 받아오지 마."라는 말을 자주 하셨습니다. 사람을 놀리는 일을 즐기셨지요. 치기가 넘치셨어요. "그런 짓은 안 합니다." 하면 "그래, 그럼 됐네."라고 하십니다.

요즘의 일본인은 너무 고지식해서 융통성이 없지요. 예전이 재미있는 사람이 많았어요.

하나이　그렇지요.

가세　나는 무명 시절 그런 사람에게 단련되었던 걸까요?

하나이　저는 요시다 씨가 외교관으로서 최고라고는 생각하지 않아요. 하지만 정치가로서는 훌륭한 분이십니다. 그 으뜸가는 이유는, 맥아더와 얼굴을 맞대고 이른바 아트 오브 컨세션(외교의 예술적 타협)을 멋지게 해냈기 때문이라고 생각합니다.

요시다 시게루와 가세 씨 부부 (오이소大磯 저택에서)

요시다 씨가 맥아더와의 타협을 멋지게 해냈던 장면을 더러 보셨을 거 같은데요.

가세 글쎄요, 대체로 요시다라는 사람은 자신을 좋아하지 않는 사람과는 친해질 수 없는 사람이고, 그런 만큼 자기중심적이라는 거지요.

후 맥아더에게 접근하고자 할 때 나는 상대가 꽤 까다로운 인물이라는 것을 알고 있으니까, "제게 맡겨두세요. 한 2, 3개월 걸릴 거예요."라는 식으로, 맥아더를 어리둥절하게 만들고 시작했지요.

하나이 맥아더도 요시다 씨가 굉장히 마음에 들었던 것 같네요.

가세 맥아더도 남의 사정은 생각지 않습니다. 무조건 맥아더를 찬양하는 사람도 있습니다. 그러나 요시다 씨는 좀처럼 빈틈이 없어서 "아니, 그 사람은 좋지만 여기까지이고, 여기부터는 이야기가 다르다."며 일본의 국익을 생각했습니다.

정당인 정치가 하토야마 이치로

하나이   가세 씨도 국제회의 등에서 타협을 해야만 했던 경험이 많으시리라 생각합니다만, 타협에 대해 '이래야 한다.'라는 원칙은 없습니까? 상황에 따라 다른가요?

가세   어떤 사건과 관련해서 이랬다는 식으로 뭔가와 관련지어 이야기할 수는 있지만, 질문이 막연하니 어렵군요.

하나이   그러면 구체적인 사건을 들어 이런 타협을 했다는 이야기를 해주세요.

가세   요시다 시게루 정권이 수립되기 전에는 꽤 힘들었습니다. 요시다 씨는 오만한 데가 있어서 힘들다는 내색을 하질 않죠. 당연한 일인 양 합니다. 하토야마 이치로(鳩山一郞)[24]와 저는 긴밀한 사이입니다. 요시다 정권이 끝나고 하토야마 씨가 수상이 됐을 때는 역시 하토야마 씨가 큰 세력을 갖고 있었지요.

하토야마 씨가 나에게 전화를 걸어 "이미 알고 있겠지만 드디어 내가 정권을 맡게 되었네. 그런데 둘러봐도 믿을 만한 사람이 없군."이라고 하는 겁니다. 하토야마 씨도 재미있는 사람이었습니다. 내가 "그렇습니까?"라고 하자 "자네가 쓸 만한 사람 네다섯 명 물색해 주게."라고 하는 게 아닙니까. 마치 물건을 사듯이 말이죠. 나는 "네 알겠습니다. 그러면 이삼일 안에 찾아뵙겠습니다."라고 했습니다. 예전에 우리 집과 하토야마 씨 집은 같은 동네인 고비나타다이마치(小日向台町)였어요.

인연이 없을 때는 하토야마 씨 댁에 가지 않았지요. 하지만 하토야마 씨가 "자네, 잠깐 시간 내서 와 줄 수 없나."라고 하면 "네, 알겠습니다." 하고 만나러 갑니다. 하토야마 씨는 "자네는 모르겠지만 나는 일찍부터 자네를 지켜봐왔네."라고 했습니다. "내가 천하를 잡는다면 제일 먼저 자네에게 부탁하려고 했네. 상의할 것이 있으니 와 주게."라는 식입니다. 하토야마 씨는 좋은 사람이니까요. 다만 이 사람도 정치가이니 계산이란 것을 합니다.

그리고 나와 요시다 씨와의 관계를 이미 알고 있었습니다. 내가 "요시다 씨와의 관계가 깨져서 하토야마 씨 쪽으로 갔다는 식이 될 수는 없으니까요."라고 하자, "아니 나는 그런 의리 있는 점이 좋아. 요시다 씨와는 어찌되든 괜찮네. 사퇴한 사람은 내버려 두게. 다음은 내가 맡겠네."라는 식이었습니다. 재미있었지요.

하나이 대사님은 제2차 세계대전 후 요시다 씨, 기시(岸)[25] 씨, 사토(佐藤)[26] 씨 등 소위 보수계 사람들, 관료 정치가라 불리는 사람들과 친분이 있으셨죠. 그 후 정당인 정치가인 하토야마 이치로 씨, 고노 이치로(河野一郎)[27] 씨 등이 힘을 갖기 시작하고, 그 결과 외무대신이나 외무성 전체에 정당인이 영향력을 갖게 되었죠. 그 흐름에서 예의 스즈키 무네오(鈴木宗男)나 다나카 마키코(田中真紀子) 같은 사람이 외무성을 움직이게 됩니다. 그것도 사리사욕 혹은 자신의 이기심을 위해 정부 부처를 움직일 정도로 추락했지요. 그런 점에 관해서는 어떠한 생각을 갖고 계십니까?

가세 시대의 추이를 알고 있던 우리는 '안 되겠군.' 하고 생각했습니다. 옛날 사람은 거짓말을 하지 않아요, 그런데 나중에 등장한 사람들은 거짓말까지는 아니더라도 사실만을 이야기한다고도 볼 수 없어요. 옛날 사람들이 정직하다고 할 수 있죠. 그리고 세상이 변하자 실력 없는 사람이 실력 있는 척하게 되었습니다. 그 점이 일본 정계의 추락을 초래한 것입니다.

처칠

하나이 일본의 영웅호걸 이야기가 나왔는데요. 서구에서 영웅이라 하면 영국의 처칠을 빼고는 역사를 이야기할 수 없으리라 생각합니다만 어떻습니까?

가세 그렇습니다. 나는 처칠과는 정말 사이가 좋았는데요, 그 정도로 사이가 좋아진 이유는 당연히 처칠 쪽에도 사정이 있었기 때문이죠.

나는 처칠과 진심으로 이야기를 나눌 수 있는 사이가 되려고 정말 애썼습니다. 그래서 제52대 수상이었던 로이드 조지[28]에게 가서 "당신 나라의 대장, 즉 처칠과 중요한 문제에 대해 이야기를 하고 싶다."고 했습니다. 그는 그런 면에서는 담백한 사람으로 "아, 그래요? 좋아요, 한번 전화해 놓을게요."라며 연락을 해 주었는데, 역시 처칠 본인이 가타부타 말이 없었습니다. 처칠 정도의 지위에 있는 사람이면 쉽게 움직이지 않죠.

하나이 그러나 런던이 공습으로 불타고 있을 때 가세 씨가 처칠과 동행했다는 이야기를 들었습니다만.

가세 나 자신도 지근탄 때문에 몇 번이나 위험했죠. 처칠 수상이 시내

시찰 할 때 동행한 적도 있습니다.

나는 일본대사관원이라는 입장이어서 자유롭게 사용할 수 있는 돈이 꽤 있었습니다. 그래서 먼저 처칠가의 여성을 조사했습니다. 그리고 처칠 부인에게 눈이 번쩍 뜨일 정도의 고가의 꽃을 보냈습니다. 내 지갑에서 낸 것은 아니지만요.

그러자 처칠 부인이 남편에게 "일본 대사관의 가세라는 사람은 정말 끈질긴 사람이에요. 아무리 거절해도 자꾸만 만나달라고 해요. 저 정도로 열심히 청을 하니 만나보는 건 어때요. 만나 주세요."라고 한 것입니다. 그러자 처칠이 "그런가. 그렇게 씀씀이가 시원시원한 남자란 말이지. 좋아 그럼 한 번 값을 올려 볼까."라고 해서 처칠과는 꽤 좋은 사이가 되었습니다. 물론 그렇게 되기까지 힘들었습니다.

하나이 처칠에게 접근해서 절친한 사이가 되고, 그 인연을 활용해 당시 매우 어려워진 미일 관계를 어떤 식으로든 회복하려는 생각은 없었습니까?

가세 있었습니다. 영국을 설득할 때, 미국을 내세우자는 우리 나름대로의 계산이 있었습니다. 그러나 그 계산이 쉽게 들통나면 일이 잘 될 수가 없었기에 힘들었습니다.

하나이 제2차 세계대전에서 프랑스가 위험해졌을 때, 처칠은 일본 대사관에 점심식사를 하러 와 있었습니다. 그때는 누가 준비를 한 것인가요?

가세 납니다.

하나이 그렇죠. 대사님 외에는 생각할 수 없죠. 그런데 처칠이 잘 받아들였군요.

가세 받아들이게 하기 위해 방법을 생각해야만 합니다. 그러니까 저처럼 극한의 비서관 일을 하면 점점 사람이 못쓰게 됩니다.

하나이 그건 아닌 것 같은데……. 그러나 역시 미일 관계는 어쩔 수 없는 지경에 이르렀네요.

가세 그렇습니다.

하나이 제가 학생 때 처칠의 책을 읽은 적이 있습니다. 『피와 땀과 눈물』이라는 책인데, 런던이 밤마다 독일의 공격을 받던 당시 처칠이 런던 시민을 향해 연설한 것을 정리한 책입니다.

엄밀히 말해 영국은 일본의 적이었으므로 일본인이라면 감동할 리 없는데, 정말 책 제목 그대로였습니다. 읽다가 자꾸만 눈물이 나서 견딜 수가 없었습니다. 그 정도로 글에 생동감이 있었습니다. 저는 그 글을 소리 내어 읽어보았습니다. 그러자 런던 시민 혹은 영국인 전체가 어떻게 마음이 불타올랐는지, 그리고 어떻게 '독일은 뭐 하는 거야!'라는 분노가 생겼는지 잘 이해되었습니다. 처칠이 조금 더 젊었을 때로 거슬러 올라가볼까요. 육군사관학교를 두 번 떨어지죠.

가세 낙제의 명인이었습니다.

하나이 그리고 기병과에 들어가 간신히 졸업하고 하원 의원이 됩니다. 하원 의원이 되자마자 의회가 처칠 때문에 스톱 상태가 되고 불안정해져 곤란해지자 그를 소방청장관으로 임명합니다. 이제 괜찮겠지 하며 있자, 본래 소방청장관은 명예직이어서 출근하지 않아도 되는데도 불구하고 그는 매일 출근해 장관실 의자에 앉아

런던 버킹검 궁전에서, 알현식을 위한 정장(1936년 봄)

"화재는 없나? 화재는 없나?"라며 물었습니다. 그리고 화재가 발생하면 자신이 선두에 서서 현장으로 나갔기 때문에 의회는 그동안은 아주 조용했다고 하더군요.

가세 맞습니다. 그런 일화는 많지요. 처칠이 아니면 그런 일화는 생겨나지 않습니다. 또 처칠을 상대한 그런 일화가 생명력을 갖고 이어지도록 하지 않으면 안 됩니다. 그게 비서관이죠.

존 F·케네디

하나이   처칠이야말로 가세 씨가 말씀하시는 '평상복의 용기'에 해당하는 최고의 인물이죠. 즉 제복을 입고 용기를 갖는 것은 당연하지만, 평상복을 입고 있을 때도 용기가 있는 사람이야말로 진정으로 용기 있는 자라는 말씀입니다만, 특별히 떠오르는 다른 인물도 있습니까? 존 F·케네디[29]는 어떻습니까?

가세   그는 대단한 인물이었습니다. 나는 그가 젊었을 때부터 사이가 좋았습니다. 런던 일본 대사관과 아주 가까운 곳에 미국 대사관이 있었습니다. 앞서 이야기한 루스벨트[30] 시절 주영 대사였던 그의 부친 조지프 케네디가 소개해 주었습니다. 당시 하버드 대학 학생이었죠.

어느 날 존 케네디가 내게 와서 "오늘은 부탁이 있어 왔어요. 돈 좀 빌려 줘요."라고 했습니다. 어지간히 친밀한 사이가 아니면 돈을 빌려달라고는 할 수 없는 거 아니겠습니까. 그래서 내가 "당신이라면 어떻게든 빌려주겠는데, 도대체 어디에 쓸 겁니까?"라 묻자 "일본이 곤란해질 일을 해보려고 하는데요."라고 합니다. 꽤나 재미있는 사람이죠. 사실은 여자 만나는 데 쓸 돈이었지만요. 나는 "그럼 해보세요. 곤란할지 말지는 내가 정합니다."라고 했습니다. 부친은 엄청난 부자였지만 아들들을 엄하게 키워 용돈은 알아서 조달해 쓰게 했다고 하더군요. 아버지가 용돈을 주지 않으니까 수중에 돈이 궁해진 거죠.

그래서 정말 친해졌습니다. 말 상대로 도움이 되는 관계가 될지의 여부는 그 인물의 역량에 달려 있지요.

하나이   케네디는 아버지가 주영대사여서 런던에 와 있었고, 가세 씨는 서기관으로 런던에 와 있었습니다. 서로 타국에서 와서 만난다는 것이 마치 기적 같은 이야기네요. 그 사람이 대통령이 됐으니까요.

가세   그렇습니다. 케네디 가는 미국에서 상당한 영향력을 가지고 있었으니까 친분을 활용하고 싶은 것이 이쪽의 계산이었죠. 뭐 돈은 중요합니다.

하나이   역시 그런가요? 지금 일본에서는 기밀비라고 하는 것이 문제가 돼서 이것을 삭감하라는 이야기가 나오고 있는데요, 이 점에 대해서는 어떤 생각을 갖고 계십니까?

가세   상대에 따라 다릅니다. 그 구분이 어려워요.

하나이   구분이라 하면 어떤 기준입니까.

가세   직감이죠.

하나이   직감이요?

가세   이쪽이 어떤 종류의 직감을 살려 일을 하고 있으면 상대도 바보가 아닌 한 당연히 알겠죠. 재미있었어요.

내가 워싱턴 대사관에서 신참 외교관보이던 시절에, 모르는 미국인이 면회를 요구한 적이 있었습니다. 그는 "정부 비밀기관에서 일하고 있다. 일본의 외교 암호를 해독할 수 있는 기계를 완성했는데 사지 않겠는가?"라고 제의했습니다. 아마 몇 만 달러였나, 당시로서도 높은 가격이었습니다. 나는 상사인 도고 시게노리 일등서기관(후에 외무대신)과 상의했지만, 의심스러운 이야기라고 판단해 거절했습니다.

그러나 제2차 세계대전 후 미국이 일본의 외교 암호와 해군 암호를 해독했던 사실이 밝혀졌습니다. 그때 그 기계를 샀더라면 이후의 역사가 바뀌었을 지도 모르죠.

히틀러

하나이 가세 씨는 히틀러[31]를 만난 적이 있으시죠? 그때 직감적으로 어떤 인물이라고 생각하셨습니까?

가세 우리가 알고 있던 무렵의 히틀러는 비교적 말수가 적고, 말하는 것이 딱 부러져서 꽤 재미있는 인물이라는 인상을 받았습니다.

하나이 그것은 총통이 된 이후입니까? 아니면 바이마르 시대[32]입니까?

가세 바이마르 시대죠. 좀 오래전 이야기입니다. 히틀러라는 사람은 어떤 의미에서는 반듯했습니다. 그것이 후에 광기처럼 되어 버린 것이죠.

하나이 광기로.

가세 나는 그 후 런던에 있으면서 해야 할 역할을 하고 있었는데, 히틀러를 보는 시각에 대해서는 같은 대사관 안에서도 의견이 분분했지요. 동료였던 우시바 노부히코(牛場信彦)[33](후에 주미 대사)처럼 히틀러를 신이라고 보는 시각과 나처럼 그런 건 아니라는 의견이 있었죠. 그래서 논의도 꽤 했습니다.

하나이 우시바 씨는 대사관에 들어오면 '하일 히틀러(히틀러 만세)!'라고 외치며 팔을 들기도 했습니까?

가세 　그렇습니다. 우시바는 좋은 점도 있었는데요, 서기관 방 중 하나를 독차지하고 후루우치 히로오(古内広雄) 등의 동지들 - 모두 능력 있는 사람들이었는데 - 과 계속 회의만 했습니다.

나는 독일어도 어느 정도 가능했고 독일인의 사고방식도 이해하고 있었기에 "자네들 말이지, 뭔가 말할 때는 누가 듣고 있는가를 생각해야 하네. 하일 히틀러를 외친들 모든 사람이 따르지는 않아. 자네들이 생각하는 히틀러는 이 세상에 존재하지 않네. 바보 같은 소리 하지 말게."라고 했더니 우시바는 당장이라도 검을 뺄 것 같은 기세였습니다.

하나이 　소위 추축파라는 사람들이죠.

가세 　유쾌했어요. 모두 나름 상당한 식견을 가지고 있었죠. 다만 사려가 부족했어요. 히틀러 만세만 하고 있으니까 딱해서 "내가 보니 히틀러라는 인물은 안 되겠더군."이라 하자, 우시바라는 사람도 재미있는 남자여서, "그런 말을 하면 히틀러에게 미안하지."라고 했어요. 강직 일변도라고 할까요. 자신이 히틀러를 위대하다고 생각하니까 다른 사람도 위대하다고 생각해 주기를 바란 거예요.

나는 "히틀러는 흥미로운 인물이지만 자네들이 생각하는 정도의 인간은 아니지."라고 말하곤 했습니다.

인간을 꿰뚫어보는 일은 정말 어렵습니다.

미일양해안 — 외교의 프로와 아마추어

하나이   대동아전쟁이 시작되기 직전, 일본은 이카와 다다오(井川忠雄)[34]와 이와쿠로 히데오(岩畔豪雄)[35], 미국 측은 신부 두 사람이 그룹이 되어 워커 우정장관을 통해 「미일양해안」[36]이라는 것을 만들었습니다. 이것은 조작된 것이죠. 그 즈음의 움직임은 당시에 알고 계셨습니까?

가세   그것은 정말 날조된 것입니다. 그들은 터무니없는 일을 한 겁니다. 노무라 대장은 좋은 사람이었지만 능력이 부족했어요. 소모품 같은 취급을 당했다는 느낌이었습니다. 노무라 씨를 주미 대사로 보낸 것은 마쓰오카 씨의 큰 실수였어요. 노무라 씨는 주미대사직을 감당할 수 있는 사람이 아니었습니다. 영어를 못하면서도 잘한다고 생각해 통역을 두지 않았어요. 여하튼 군인이 그런 역할을 하는 것 자체가 잘못이죠.

하나이   노무라 씨는 하버드대학 시절에 루스벨트와 가까운 친구사이였지요. 고노에 수상이 그 점을 보고 노무라 씨를 미국 대사로 낙점한 것이라 생각하는데요, 외교 문제니까 루스벨트 대통령은 거의 전면에 나서지 않고 헐 국무장관이 모든 것을 중재했습니다. 헐은 어떤 인물입니까?

가세   루스벨트와 친구였다는 것은 노무라 씨의 일방적인 생각일 뿐, 그 정도의 관계는 아니었습니다. 그런 짧은 영어 실력으로 진짜 친구를 만들 수 있을 리가 없지요.

헐은 그다지 유쾌한 사람은 아닙니다. 자신이 생각하고 있는 게 있어도 다른 사람에게는 한 마디도 하지 않아요. 자신의 마음속에 넣어두는 거죠. 그 증거로는 미일 관계가 끊어졌을 때 「헐 노트」[37]라는 것을 일본에 보냈어요. 그것으로 외교가 단절됐습니다. 처음부터 그런 생각을 하고 있었던 겁니다.

하나이 그랬습니까?

가세 그리고 헐은 자신이 외교단절 문서를 작성했으니까 그것으로 됐다는 것이었습니다. 냉혹한 사람이었어요.

하나이 미국 측에서는 헐이 중심이 되어 미일 관계 협상을 진행했는데, 헐 국무장관 측에 소련의 에이전트가 있었다고 하던데요. 당시 일본은 이를 감지하고 있었습니까?

가세 감지하지 못했어요. 노무라 대장은 좋은 사람이었지만, 거기까지는 손이 미치지 않았어요. 그 자신이 어떻게 하면 될지 몰라서 안달복달했죠. 나는 어느 정도 그 사람과 친분이 있어 '이래서는 안 되지.'라고 생각한 적이 많습니다. 외교란 그렇게 간단한 것이 아닙니다.

하나이 외교란 여러 일 중에서 가장 프로페셔널 한 것이 요구되는 일입니다. 저는 다른 대신은 차치하더라도 외무대신은 역시 외교에 정통한 인물이 아니면 오늘날에도 안 된다고 생각하고 있습니다만, 그 점은 어떠신가요?

가세 그건 맞는 말씀입니다. 나는 프로페셔널 한 외교관이었다고 생각합니다만, 전문가일수록 전문가의 역량 없이 해나가는 사람을 잘 알지요. 그렇게 되면 반드시 파국을 맞이합니다. 아시다시피 외교란 풀기 어려운 문제를 성의를 보이며 어떻게든 해결을 위한 문을 비집어 열어야 하는 일이니까요.

마쓰오카 씨처럼 부딪쳐서 해결하는 것도 하나의 방법이지만, 그르치는 경우가 있습니다. 역시 일본을 짊어지고 왔다는 입장이 되어 보면 그리 쉽게 좋으니 나쁘니 말할 수 없지요. 대체적으로 하나이 선생님이 보시는 대로입니다.

하나이　소위「미일양해안」이라는 것이 대동아전쟁으로 돌입하게 된 첫 번째 원인인 셈이죠.

가세　네, 맞습니다.

하나이　그래서 이것을 만들 때 정말로 이카와 다다오라는 사람이 그 중심에 있었고, 그가 마치 일본 정부의 대표인 듯이 행동하며 이 안을 만들었다는 것인데, 이카와는 어떤 인물입니까?

가세　이카와는 뉴욕에서 꽤 활동하던 사람입니다. 활동 방식이 국가의 생각대로 움직이는 것이 아니라 자신이 내키는 대로 움직였죠. 뉴욕에는 내 윗동서(처형의 남편)가 있었습니다. 꽤 능력 있는 사람으로 내가 미일 교섭을 할 때 어느 정도 도움이 되었습니다. 그래서 여러 사람이 드나들며 어떻게 이야기를 정리하는지, 혹은 깨뜨리는지에 대한 문제에 항상 직면했었지요.

내가 보기에 이카와라는 인물은 어이없는 사람입니다. 아는 게 없었어요. 정부 요직에 있었다는 과거 경력을 자랑하듯이 내세웠지만 실제로는 아무것도 모르고 있었어요. 외교 협상을 진행할 때 실제 상황을 잘 모르는 가짜 전문가가 들어오기 때문에 곤란해지는 겁니다.

하나이　이와쿠로 히데오는 어떤 사람이었습니까?

가세 군인이었으니까요, 나와 친밀한 관계는 아니었지만 대단한 지휘
관이라고 생각했습니다. 이와쿠로는 육군성에서는 어쨌든 이름
이 통하는 사람이었어요. 그 이와쿠로를 미국으로 보내 제대로
일을 시키려고 한 것이죠. 그런데 그런 책사를 기용한 것이 터무
니없는 결과가 되어버렸습니다. 이 사람도 외교에 대해서는 전혀
알지 못했습니다.

모두 이와쿠로를 겁냈어요. 이와쿠로 같은 자가 공적인 일에 참
견했다는 것 자체가 실패의 전조입니다.

하나이 이와쿠로라는 인물에 대해 CIA(미국중앙정보국)는 전부 조사해서
재대로 데이터를 가지고 있었지요. 미국은 정보를 굉장히 중시
하는 나라이므로 경우에 따라서는 첩보 활동도 크게 활용하는데,
일본은 그다지 첩보 활동은 하고 싶어 하지 않았습니다. 정보를
좋아하는 미국인과 정보를 소홀히 하는 일본, 양자 간의 차이는
없었습니까? 정보부장도 하셨으니까 그 점은 알고 계시리라 생각
합니다만.

가세 나는 모르는 것이 많았습니다. 그런데 이와쿠로라는 사람은 정말
모략가입니다. 그런데 일본의 정치가들은 그런 사람이 하는 말을
꽤 잘 듣습니다.

그리고 실제로 이와쿠로가 남긴 서류가 있습니다. 그 서류에는
내가 이런 일을 했다 저런 일을 했다는 식으로 자랑스럽게 적어
놓았습니다. 외교란 그런 것이 아닙니다. 자신의 공적만 생각하는
좁은 소견으로는 안 됩니다. 이와쿠로는 위험한 인물이었죠.

하나이 고노에·루스벨트 회담이라는 것이 계획되었던 것 같습니다만, 결

국 실현되지 못했습니다. 이 계획에 대해서는 어떻게 생각하십니까?

가세   고노에·루스벨트 회담[38]은 애초부터 성사될 리가 없었습니다. 아시다시피 루스벨트는 능력도 있지만 교활한 면도 있죠. 마법사 같은 사람이었어요. 그러나 또 달리 보면 상당히 흥미로운 면도 있었습니다.

나는 루스벨트와 어느 정도 친분이 있었지만, 그 사람 생각대로 조종당하지 않도록 하면서 그에게서 도움이 되는 것만을 뽑아내서 쓴다는 식으로 생각하고 있었습니다. 루스벨트는 요괴 같은 인물입니다.

진주만 공격

하나이   그래서 결국 모든 교섭이 실패하고 전쟁에 돌입하게 되는 것이군요. 그때 이른바 진주만 공격에 관해서는 미국은 암호를 해독해서 사전에 알고 있었다고 하는데, 맞습니까?

가세   정말 창피한 이야기입니다. 앞서 말했듯이 일본의 암호를 전부 해독하고 있다며 어떤 미국인이 거래하러 왔었어요. 내가 그 사람을 만났는데, 확실히 해독하고 있는 것 같았어요. "당신네 그 암호는 중요한 것이지요?"라고 했습니다. 당연히 일본 측은 매우 긴장했습니다.

그 이야기는 도고 참사관을 비롯해 상사들은 모두 알고 있었습니다. 그런데 부하인 우리는 그때까지 정말 일본의 암호가 해독되고 있는 것을 몰랐습니다.

해독되고 있다는 말을 듣고는 놀랐습니다. 그러나 사실이었어요. 전부 해독하고 있었어요. 그러나 '당신들의 암호 전보를 전부 해독하고 있다.'며 거래하자고 오는 작자는 제대로 된 사람이 아니지요. 일본의 전신은 안전하다는 신화가 있었으므로 돈을 지불하지 않고 거절해버렸습니다.

하나이   루스벨트는 일본이 공격해오리라는 것을 이미 암호 해독을 통해 알고 있었고, 진주만을 공격당하면 방대한 피해가 발생할 것을 알고 있으면서도 굳이 하와이에 그것을 전하지 않았습니다. 이는 굉장한 미스터리라고 생각합니다.

가세   미스터리죠. 그런데 어느 쪽이 나쁜지 따지면 일본인이 부주의했다고 생각합니다. 적도 보통내기가 아닙니다. 일본이 가장 중요하게 여기는 암호를 몰래 풀어놓고 해독했다고 말하지 않았습니다. 그러나 그것은 무사가 할 짓이 아니라고 말해본들 소용없어요. 소매치기를 당한 것과 같습니다. 결국 일본이 멍청하게 암호를 해독당한 것 자체가 이상합니다. 당한 일본이 나쁘다고 할까요.

하나이   진주만 공격은 일본 대사관 즉 노무라 대사가 헐 국무장관[39]에게 통고한 후 30분 뒤에 공격할 계획이었는데, 공격이 다 끝난 후에야 통고를 했다는 이야기가 있습니다. 그건 역시 대사관의 태만이었나요?

가세   그렇다고 봅니다. 주미 일본 대사관은 가장 능력 있는 사람들을 모아 놓은 곳입니다. 모두 나와 사이가 좋은 사람들입니다. 그런데 그들은 막상 일을 하고 있지 않았던 겁니다. 상당히 능력 있는 외교관들이지만, 해군인 군인이 대사였기에 통솔에 문제가 있었습니다.

하나이 진주만 공격은 때로 미국인이 '일본이라는 나라는 이런 짓을 했다. 매우 치사한 나라다.'라고 말할 수 있는 빌미를 만들어 버렸습니다. 예를 들면, 경제 문제, 즉 무역 문제가 잘 풀리지 않을 때 '진주만 공격을 봐. 일본인은 정당하게 플레이 하지 않지.'라는 식으로 후대에까지 그 일이 회자되는 것입니다.

가세 두고두고 일본의 불명예입니다. 일본인은 충절을 중요시하는 것으로 알려져 왔기에 미국에 이용되었다는 게 꼴사나운 일이죠.

이구치 사다오(井口貞夫)[40], 마쓰다이라 고토(松平康東)[41] 등은 외무성에서도 출중하다고 평가받던 인재인데, 대미 최후통고 전문이 대사관에 도착한 그날 밤엔 그들이 부하를 데리고 밖에서 위로를 하고 있었다니 말도 안 되는 이야기인 셈이지요.

우리 일본 쪽에서 극비 전보를 쳤고 — 전부 제가 쓴 것입니다만 — 이는 누설되지 않으리라 생각하고 있었습니다. 그런데 웬걸, 미국은 전부 알고 있었어요. 왜냐하면 일본의 암호가 대충 만들어진 것이어서 미국이 해독을 했기 때문이죠. 중심인물이었던 이구치나 오쿠무라 가쓰조(奥村勝蔵)[42], 노무라 씨가 의지하던 대사관 간부가 무엇을 하고 있었냐 하면 아무것도 하지 않았어요. 이는 결국 노무라라는 사람이 부하를 장악하는 능력, 재량이 없었다는 이야기죠.

일본인은 근면하고 이상한 짓은 하지 않는 것으로 알려져 있지만, 이때는 그리 근면하지 않았습니다. 맛있는 음식을 먹고 밤늦게까지 마작을 했지요. 나는 곧 개전이 될 것이라고 워싱턴에 있는 대사관에 경고를 하고 있었거든요. 나는 그런 전보를 쓰는 것에 익숙했기 때문에 어떻게 이야기하면 오류 없이 전달될 수 있을까 하는 것은 충분히 연구하고 있었습니다.

그 중에서도 가장 잘못된 것은 현지의 서기관이 놀고 있었다는 사실입니다. 우리들은 개전을 앞두고 외무성 본청 주변에 있으면서 가장 어려운 일을 하고 있었는데, 워싱턴에 있는 믿고 있던 동료가 이를 대충대충 하고 있었다는 것 자체가 이상합니다.

하나이 미국에서는 가까운 시일 안에 일본이 선제공격을 해올 지도 모른다, 하지만 그것은 아마 필리핀 정도가 아닐까, 설마 일본이 알류산 열도를 따라 진주만에 온다는 것은 상상도 못하던 일이었는데요, 야마모토 이소로쿠(山本五十六)[43] 대장이 지휘한 대해전의 소문은 알고 계셨습니까?

가세 그 이야기는 꽤 들었습니다.

하나이 그런데 그 당시의 주미 일본 대사관에서 책임을 져야 할 사람이 외무성에서 처벌받지 않고 그 후 쭉 승진을 했죠.

가세 그건 이상한 일이죠. 나도 여러 사람에게서 "그런 사람들이 왜 승진하는 거지?"라는 이야기를 들었습니다. 내각이 바뀌면 각각 A씨, B씨라는 식으로 물망에 오르는 것이라서요. 그러한 사람이 그대로 기용됩니다. 이상한 세상이었어요.

하나이 일본은 미드웨이 해전에서 패배합니다. 일본은 어느 시기에 어떤 수단을 써서 화평을 구하려 한 것일까요? 뭔가 방법을 써서 매듭을 짓지 않으면 안 되었을 텐데, 뭔가 방법이 있었습니까? 또 언제 그 방법을 사용할 수 있었습니까?

가세   어떻게 하면 화평의 계기를 잡을 수 있을지는 잘 몰랐다는 게 사실입니다. 군은 패배하는 것을 절대로 인정하지 않는 체질을 가지고 있었으니까 하나의 전투에서 져도 다음 전투에서 이긴다고 우겨대는 악순환이었습니다.

하나이   그래서 이번에는 국내에서 종전 공작이란 것을 생각해야 하는 상황이 온 것이군요. 요시다 씨 등도 움직였던 것 같은데, 내부에서의 종전 공작에 관여하셨습니까?

가세   그렇습니다. 내가 계속 외무대신의 비서관을 하고 있던 관계로 "이것은 역시 자네가 움직이기 쉽겠어."라는 분위기가 되었습니다. 적보다도 국내의 종전 공작 쪽이 우선이었어요.

하나이   전체적으로 보아 이 대동아전쟁의 첫째 원인은 어디에 있었습니까?

가세   어느 지점까지는 일본은 상당히 점령 지역을 넓혔고 그것을 자랑했습니다. 또 잘했어요. 잘했지만, 호흡이 이어지지 않았다고 할까요. 어느 지점까지 오자 더 이상 안 되겠다는 상황이 되었습니다. 그렇게 되면 약해집니다.

하나이   아무리 생각해도 넓은 중국 대륙에서의 전쟁과 태평양에서의 전쟁, 이 두 전쟁을 작은 일본이 해나갈 수가 없었겠죠. 그렇다면 어딘가에서 외교 교섭을 진행해서 화평을 구해야 하는데, 그러한 생각은 있었습니까?

가세   있었지요. 있었지만, 아무리 해도 그것이 윗사람에게 통하는 형태는 아니었어요. 대동아전쟁이 어느 지점까지 가서 이제 더 이상 싸워도 못 이긴다, 안 되겠다는 상황이 되었습니다. 이미 지는 전쟁이 되고 나서는 어떤 의미에서는 무책임해진 것이죠.

초대 국제연합대사

하나이   종전이 되고, 일본은 1956년에 국제연합에 가입합니다. 그리고 가세 씨는 초대 국제연합 대사로 등장하시는데요, 일본이 국제사회에 복귀하니 다른 여러 나라에서 어떻게 받아들였습니까?

가세   꽤 흥미로운 질문을 하셨는데요, 도대체 일본인을 어느 정도로 평가하는가 하는 문제가 되겠군요. 그다지 좋은 평가는 아니었습니다. '일본은 좀 더 건실하다고 생각했다.'는 시선으로 보고 있었습니다. 무리도 아니죠. 전쟁에 지고 나서 완전히 일본다움을 잃었으니까요.

하나이   국제연합에서는 기분 좋게 받아들였습니까? 아니면.

가세   우리를 전부터 알고 있던 외국인 동료들은 '애쓴다.'며 싫은 기색 없이 '정말 힘들었죠.'라는 식으로 위로해 주었습니다.

하나이   시게미쓰 씨가 국제연합 가입 연설을 하셨는데, 그때의 문장도 가세 씨가 작성하셨다 들었습니다.

가세   대부분 내가 쓴 겁니다. 나는 일하는 걸 싫어하는 편은 아니었으니까요. 당연히 내가 할 일이라고 생각했습니다.

국제연합 광장에서. 시게미쓰 외상, 사토 나오타케 대표와 함께. 오른쪽 끝이 가세 대사
(1956년 10월 10일)

외교란 무엇인가

하나이　일본 신문을 읽다보면 이상하게 생각되는 것이 있습니다. '일본외교'라는 말만 나오지 '일본외교정책'이라는 말은 나오지 않는 것입니다. 외교와 외교정책은 분명히 다릅니다.

실무에 비춰 가세 씨가 '외교'와 '외교정책'을 이렇게 본다는 독자적인 정의가 있으실 텐데요. 그리고 줄곧 외교관을 해오셨으니, 현장에서 일하는 입장에서 이 두 가지를 어떻게 구별하는지를 말씀해주셨으면 합니다.

가세　이것은 어느 시대나 문제가 되었고, 만족할 수 있는 답이 나온 적이 없지 않았을까요? 언제나 현안 사항입니다.

우리도 외교 업무 때문에 야근을 하거나 다른 나라 사람과 만나기도 합니다. 이 일을 쭉 해오면서 느낀 것인데, 그다지 성과가 없는 이유는 자신을 버리고 커다란 목적을 달성한다는 의식이 외교관에게 없기 때문이라고 봅니다. 막연히 자신이 주장하는 것만이 외교라고 생각합니다.

외교란 그리 녹록한 것이 아닙니다. 상대에게 양보를 하면서 한편으로 이쪽의 주장이나 주문을 꺼내는 것입니다. 어느 것이 먼저인가 하면 상대를 기쁘게 하는 것이 우선이라고 생각합니다.

그런데 상대를 기쁘게 한다는 것이 어렵죠. 그리고 어찌하면 좋을지 생각하는 사이에 환경이 바뀌고 생각이 바뀌어 버립니다. 따라서 정답을 낼 수 없는 상태가 많은 것 같습니다.

하나이 외교와 외교정책은 상당히 구별하기 힘든 것이군요.

저는 실무에 관계한 적이 없는 사람이지만, 이론적으로 말하면 '외교정책'은 총리대신이나 외무대신, 대사라 하는 사람들의 결단입니다. 그리고 그 결단을 실행에 옮기는 것이 외교관, 즉 '외교'라는 것으로 일단 구별은 하고 있습니다.

일본 신문은 어느 것을 봐도 일본외교라고만 쓰죠. 일본외교정책이라고는 쓰지 않습니다.

미국 신문을 보면 Foreign Policy(외교정책)라 쓰고 있지, Diplomacy(외교)라는 말은 사용하지 않습니다. 일본은 외교, 미국은 외교정책이라는 식으로 다른 말을 사용하고 있어서 실제 외교를 담당해 오신 가세 대사님께 설명을 듣고 구분을 하려고 했는데,

구분이 무척 힘들다는 말씀이시군요.

가세 이게 꽤 어렵습니다. 정말 이 문제에 답할 수 있는 사람이 있을지 의문입니다.

어느 커다란 사건에 관계된 경우, 이것만은 잊지 않아야겠다는 것이 있습니다. 힘든 사건을 맞닥뜨렸을 때 어쨌든 친구들의 도움으로 간신히 급한 불은 끈 적은 있습니다. 그러나 그 일에 어떻게 의미를 부여할지에 대해서는 외교 경험이나 외교 철학이 문제가 됩니다.

하나이 외교란 본래 철학이 없으면 안 됩니다. 외교 철학을 가세 씨는 어떻게 보고 계십니까?

가세 저는 정부에 고용된 몸이어서, 국가의 위기를 어떻게 돌파하는가가 외교 철학의 하나인데, 쉬운 것 같으면서도 꽤…….

하나이 어렵다.

가세 그건 어렵습니다.

영국과 미국

가세 저에게 가끔 영국의 『이코노미스트』 편집자나 기자가 찾아옵니다. 그 사람들은 어려운 국면을 취재하니까 일본을 포함해 세계 여러 곳에 가서 기사를 씁니다. 그래서 "그때는 걱정했어요."라는 식으로 추억담부터 시작하게 되는데요, 일본 사정을 잘 알고 있어요. 잠시 방심하고 있다 보면 저보다도 더 일본 사정을 잘 알고 있습니다.

그리고 내가 "동감입니다."라는 말만 하자 "대사는 언제나 동감이라고만 하지 다른 의견은 말하지 않는다."라는 이야기도 나오지요.

그런 상대니까 서로 말하고 싶은 것은 합니다. 잘못 말하면 양해를 구합니다. 아무래도 미국인보다 영국인이 교섭을 좋아하는 경향이 있죠.

미국인은 바로 감정적이 되지요. 영국인은 그렇지 않습니다. 대신 다른 사람을 위축시키는 말을 아무렇지도 않게 합니다. "아아, 그랬던 거로군."이라는 말이 나중에 무슨 뜻인지 이해가 되기도 했습니다. 영국 외교관과 절충해서 얻은 경험입니다.

하나이 지금 말씀하셨던 영국과 미국의 차이에 관해서인데요, 본래 외교는 서유럽에서 탄생한 것으로, 그중에서도 특히 영국은 외교의 역사가 깁니다. 그에 반해 미국의 외교는 기껏해야 제2차 세계대전쯤부터 시작되었기에, 역사가 그리 오래 되지 않았습니다. 그래서 외교적인 시각, 특히 외교 철학이란 것은 영국 쪽이 위고 미국이 아래라고 생각하는데, 어떠십니까?

가세 대체로 맞는 해석입니다. 국민성이라는 측면에서 이야기해도 영국인은 교섭을 좋아합니다. 그러니 능숙하죠. 미국인은 처음부터 교섭은 귀찮은 일이라고 생각합니다. 대신 영국인은 신중해서 쉽사리 본심을 말하지 않죠. 하물며 자기 나라의 이해득실과 깊은 관계가 있다 싶으면 좀처럼 협조적인 말은 하지 않습니다.

그래도 영국인은 정말로 친한 친구가 되면 가족이 되어 줍니다.

미국인이 좀 어수룩해서 아무렇지도 않게 '그건 안 돼.'라거나 '그럼 다음에는 한번 자네 생각대로 같이 하자고.'라고 합니다.

물론 같은 영국인, 미국인이라도 사람에 따라 다르기도 하지요. 나라와 개인, 어느 쪽과 사귀는 편이 좋을지를 묻는다면 나라보다는 역시 개인입니다. 개인의 신뢰를 얻으면 외교는 하기 수월해집니다.

하나이　말씀을 듣고 있으니 가세 씨는 자신의 업무 이상으로 개인과 개인의 접촉을 매우 잘 구분해서 이용해 성과를 올리신 것으로 생각되는데요.

가세　그건 과분한 칭찬입니다만, 결과적으로는 그렇습니다. 소중한 사람이라고 생각되면 때로는 나 자신이나 우리 집의 입장이 어찌되어도 그 사람의 입장을 응원해 주거나 혹은 그 여성의 생각을 펼쳐줘야겠다는 마음을 가지고 해왔습니다. 그리고 나는 당연히 자신의 입장보다는 일본이라는 국가의 입장을 생각하고 있었습니다.

하나이　미국의 외교에 대해서입니다만, 도덕적(Puritan)인 측면과 실리적(Pragmatism)인 측면이라는 두 면이 있는 것으로 생각되지 않으십니까?

가세　맞는 말씀입니다. 두 측면이 있는 것을 우리가 이해하고 있다는 사실은 미국 입장에서는 반가운 일입니다. 그렇게 이해하는 사람은 좀처럼 없으니까요.

본래 일본은 섬나라여서 섬나라 안의 일밖에 몰랐습니다. 그래서 섬나라 안에서만 생각했던 시각에서 영국의 입장, 미국의 입장이라는 식으로 상대의 입장을 충분히 이해하고, 좋은 벗, 즉 상대 국가의 좋은 응원자가 되기까지가 힘듭니다. 언어 문제도 있고요.

하나이 영국과 일본은 섬나라라는 점에서는 비슷합니다. 그리고 아시아 대륙 끝 바다에 있는 일본, 그리고 유럽 대륙 끝 바다에 있는 영국이라는 점에서도 유사합니다. 따라서 국가와 국가가 행동을 같이 하기에는 아주 적합합니다. 그 점이 영일동맹을 맺게 한 원인이라고 생각합니다. 그러나 이같이 같은 조건에 있으면서 일본은 솔직히 말해 외교 하수, 영국은 외교 고수입니다. 왜 그런 차이가 생길까요?

가세 실제로 경험해보고, 미국보다는 영국이 뭔가 안심하고 일을 할 수 있다거나 또 마음을 터놓기 쉽다거나, 그러한 것이 거듭된 것은 아닐까요?

저의 생각을 말씀드리면, 미국에서 근무한 기간이 길지만 영국인이 가족처럼 대해준다는 느낌은 가지고 있습니다.

앞서 이야기한 영국의 『이코노미스트』간부가 오면 속마음을 이야기합니다. "안 돼요, 그런 일을 하면. 그러면 안 되지 안 돼."라는 식으로, 의견이 맞지 않으면 "다음에 다시 보죠."라며 돌아갑니다. 그런 점이 어려워서 그들이 말하는 것은 잘 생각해보고 이치에 맞는 경우에는 나도 그에 응합니다. 그러면 다소 위험은 있어도 함께 끝까지 해냅니다.

하나이 어떤 의미에서는 미국인은 사귀기 쉽고 영국인은 완고한 면이 있어서 사귀기 힘든 경우도 있지요?

가세 그럼요. 영국인은 이야기하다가 정리가 안 되면 아무리 이야기해도 못 알아듣는 녀석이라 생각하는 경우도 있습니다. 그러나 실제로는 잘 이해하고 사귑니다. 영국인은 그런 면이 멋있습니다.

하나이 대표적으로 처칠을 보고 느끼신 게 있었습니까?

가세 나는 처칠과 친해지려고 무척 애를 썼습니다. 이런 말을 왜 하냐면 일본과 영국의 관계가 나빠졌을 무렵에 나는 주영 일본 대사관 간부였습니다. 시게미쓰 씨가 대사였는데, 어디를 봐도 영국인과는 맞지 않았어요. 그렇다고 내가 맞나 하면 그것도 단언하기는 어렵지만요.

그러나 영국인이라도 내가 힘을 쏟고 있는 것을 알아주는 사람이 반드시 있으니까요. 반면에 미국인은 자리를 박차고 일어설 지도 모릅니다. 청일·러일 전쟁 무렵의 일본도 그랬을 겁니다.

이 사람이라고 생각하면 가능하면 자주 만나서, 그 사람 입장이 돼 이야기를 듣습니다. 그러면 상대도 응합니다. 내가 그것을 특별히 이용하는 것은 아니지만, 와주는 것 자체가 고맙죠. 서로 흉금을 터놓고 하고 싶은 이야기를 합니다.

그런데 말이 통하지 않으면 일본인은 그 다음을 기다리지 않습니다. 그러니 일본인과 외교를 하는 그들 입장에서는 미국인이든 영국인이든 "일본인은 상대하기 어렵다."라고 합니다.

국익이란 무엇인가

하나이 외교 내지 외교정책이란 국익(National Interest)에 기반하는 것입니다만, 그 국익에 대해 일본인은 '민족의 이익'인지 '국가의 이익'인지 '국민의 이익'인지를 명확하게 정의하지 않은 채 사용하고 있습니다. 대사님은 도대체 이 국익이라는 말을 어떤 의미로 사용해야 한다고 생각하십니까?

가세   국익이란 무엇일까를 놓고 따진다면 좀처럼 정리가 되지 않을 것 같습니다. 왜냐하면 국익이라는 것은 영국인에게는 영국인의 국익이라는 게 있고, 미국인에게는 미국인의, 또 일본인에게는 일본인이 생각하는 국익이 있습니다. 이것이 합치하는 경우는 거의 없죠.

하나이   그러니까 이미 돌아가셨지만 한스 모겐소[44]라는 국제 정치학자는 "우리의 이익과 상대방의 이익을 생각해 어딘가에 공통점은 없는지를 생각한다."라고 했지요. 그런 것을 상호 자각하는 것만으로도 상당히 접점이 있다고 할 수 있겠죠.

가세   맞는 말씀입니다. 자각 못 하는 사람이 많으니까요.

외무성에는 제 후배도 있지만, 그다지 들어주는 사람은 없습니다. 어렵지요. 자신이 생각하는 국익이 일본을 위한 것인지, 혹은 영국, 미국을 위한 것이 될지, 독일을 위한 것이 될지를 판단하는 일은 어렵습니다.

하나이   그러나 적어도 국익에 Vital Interest(중요한 국익)과 그 외의 이익 두 가지가 있다는 점은 일단 이론상으로는 정의되어 있습니다. 그러나 실제 상황에서 그것이 어느 쪽이 될지는 대사님이 말씀하시는 것처럼 잘 모른다고 할 수 있겠죠.

그러나 국민의 생명과 재산을 지키는 것이 Vital Interest라는 것만은 말할 수 있지 않겠습니까.

가세 그렇습니다. 단 "Vital Interest이니까, 자네, 이 점을 잘 알아야 해." 라는 말을 들으면 상대국은 곤란하죠. Vital Interest라고 말하는 이상, 좀처럼 상대도 양보하며 이쪽 주장에 맞추려고 하지 않겠죠. 그렇다고 해서 상대가 말하는 대로 움직이는 것은 Vital Interest가 아니라는 말이니, 그런 점들이 어렵습니다.

원래 외교는 영어로 교섭을 진행하니까 Vital Interest가 무엇이냐 하는 문제가 되면 답이 여러 가지가 있을 수 있습니다. 나도 젊었을 때부터 Vital Interest가 무엇인가를 외국의 대사관원이나 동맹국 대사관원과 논의하다가, 어느 경우에는 기분 좋게 헤어지기도 하고 어느 경우에는 곤란해지기도 했습니다.

예를 들면 독일인은 철학이 뒷받침되니까 깊이가 있죠. 나는 바이마르 공화국 시절 베를린에서 근무했으니까 꽤 전부터 교류가 있었습니다만, 깊이가 있어요.

하나이 그렇습니까?

가세 독일인은 논의하는 것을 좋아하는데, 나로서는 그 논의를 합의에 도달하기 위한 과정으로 만들어야 해요. 나는 음악을 좋아하니까 독일인과 친구가 되기 쉬웠지요.

독일인은 진정한 친구가 되면 믿음직합니다. 자신이 어찌 되든 최선을 다해 줍니다. 대신 내가 이러한 입장이 되면 너도 해 줘야 한다고 합니다. 그것이 거래인 거죠. 독일인은 완고하고 융통성이 없지만 좋은 친구가 됩니다.

하나이 저도 독일에 잠시 산 적이 있는데, 독일인과는 기질상 가장 잘 맞습니다. 꼼꼼한 면이나 시간을 지키는 면이 말이죠. 그리고 매우 성실한 민족이죠. 그러니까 이러한 민족이라면 사귀어도 괜찮겠다고 생각할 때가 많았습니다.

가세　독일인 입장에서도 그렇겠지요. 역시 일본인은 의지할 수 있고 신뢰할 수 있는 면이 있다고요. 그러나 일본으로서는 너무 쉽게 판단해 돌진하면 엉뚱한 결과가 나옵니다. 그보다 독일도 일본을 이용하려고 한 것이죠. 독일인은 개성이 강하니까요. 친구가 되면, 이쪽도 상당히 기가 센데, 어려운 논의 상황에서 쉽게는 동의하지 않는 면이 있습니다.

하나이　국가란 크게 나누면 대륙성 국가와 해양성 국가가 있습니다. 일본도 영국도 해양성 국가. 미국은 몸체가 커서 대륙성 국가로 보이지만, 역시 해양성 국가입니다.
　　　당시 일본은 영국이나 미국 같은 해양성 국가와 교류하는 것이 좋다는 생각과, 일본은 독일인과 기질이 맞으니까 독일(대륙성 국가)과 함께 하는 것이 좋다는 생각, 이렇게 두 가지 생각이 있지 않았습니까?

가세　일본은 같은 해양성 국가와 함께해야 합니다. 해양성 국가와 대륙성 국가를 나누어 생각하면, 각각 외교정책에 하나의 경향이 있습니다. 한편에서 찬성하면 다른 편에서 떨떠름한 얼굴을 하는 경우가 있지요. 따라서 독일과 좋은 관계를 유지하면서 또 영국, 미국과도 좋은 관계를 만들려면 상당한 노력이 필요했지요.

하나이　그 노력 면에서 일본 외교는 별로 한 게 없다는 것이네요.

가세　했지만…….

하나이 가세 씨는 외교관 혹은 외치를 담당하는 사람을 경륜형(이념형)과 교섭형 두 가지로 구분하십니다. 이를 비교해보고 싶은데요. 저는 경륜형인 고무라 주타로(小村寿太郎)[45], 혹은 요시다 시게루를 좋아합니다. 요시다 시게루에 관해서는 이미 말씀을 들었으니, 여러 외교관의 이상형으로서 고무라 주타로에 관해 생각을 갖고 계시리라 생각하는데요.

가세 나도 고무라 주타로 씨를 좋아합니다. 그 무렵의 일본 국력은 대단한 것이 아니었습니다. 그러면서도 러일전쟁 전날 밤에 제일 먼저 영국과 동맹을 맺으려는 용기가 있었습니다. 그리고 '영일동맹'에 성공했죠. 영일동맹은 고무라 주타로의 걸작이었습니다. 고무라라는 사람은 특출한 외교관이었다고 생각합니다.

고무라는 하급무사 가문 출신으로 머리가 뛰어나 메이지 정부에 발탁되고 제1회 유학생으로 미국에서 공부했습니다. 그러나 귀국하고 나서 오랫동안 기회가 오지 않아 낮은 지위에 만족하고 있었습니다. 부친의 채무를 짊어지고 몹시 가난한 세월을 보냈습니다. 그러나 평생 금전에는 욕심이 없고 나랏일에 몸을 바친 진실한 사람이었습니다.

비슷한 사람은 있겠지만 이념도 없이 독일 만세, 영국 만세, 냉전하에서는 소련 만세, 지금이라면 중국 만세를 외치는 사람도 적지 않습니다. 그러면 일본의 앞길을 망치는 겁니다. 어쨌든 어렵네요.

하나이 고무라 씨는 역시 일본외교사에서 으뜸가는 Statesman(외교가)라할 수 있는 사람이라 생각합니다. 젊은 날 미국 유학을 했지만, 귀국해서 처음에는 사법성(司法省)에만 머물다가 외무성으로 옮기고, 외무대신 겸 전권대사로 포츠머스에 가게 되죠.

그때 재미있는 이야기가 있는데, 러시아 측은 프랑스어로 이야기를 했다고 합니다.

가세 그렇습니다. 프랑스어는 우리 시대의 공용어였습니다.

하나이 아, 그렇습니까?

가세 프랑스어를 못하는 외교관, 그런 사람이 일본에 있을까 싶을 정도였습니다. 포츠머스조약 교섭 시 일본 전권단이 프랑스어를 모를 거라고 무시한 러시아 측은 휴회를 신청하고 자기들끼리 상의할 때 아무렇지도 않게 프랑스어를 사용했죠. 그러는 바람에 일본 측에 기밀이 들통나서 교섭에서 실패했던 일이 있습니다.

하나이 대사님은 몇 개 국어를 할 수 있으십니까?

가세 별로, 솔직히는 말씀드릴 수는 없네요(웃음). 외교 기밀입니다(웃음). 영국, 미국, 독일에서 근무했으니까요. 영어와 독일어는 자신 있지만, 프랑스어는 대충 할 수 있는 정도입니다.

요시다 시게루는 영어회화를 그다지 잘 하지는 못했습니다. 그렇지만 재미있는 사람이었어요. 요시다 시게루가 외무대신을 할 때 "올해 외교관 시험에 합격한 사람들을 오이소(大磯)에 있는 우리 집으로 부르고 싶네. 그러니까 모두 올 수 있도록 하게. 그리고 맛있는 음식을 잔뜩 준비해 주게."라고 나에게 명령했어요. 그리고 "단, 나는 가난하니까 돈은 못 내."라고도 덧붙였습니다.

사토 에이사쿠의 노벨평화상

하나이   국익 이야기로 되돌아가보죠. 우선 국익이라는 것이 있고, 그것이 모든 성청에서 지켜져야 하는데, 외무성이니 대장성이니 하는 곳에서 부처의 이익을 위해 움직이는 경우가 역시 전쟁 전이든 후든 있었다고 보는데요.

가세   물론 있었죠. 어느 나라나 마찬가지입니다.

하나이   실제로 일을 하시면서 그런 게 일하는 데 방해가 되었습니까?

가세   그랬지요. 나는 육군이나 해군 장교와 사귀려고 애를 썼습니다. 외무성만으로는 안 되는 일이 있으니까요. 육군의 마쓰타니 세이(松谷誠, 대좌, 1944년부터 육군대신 비서관, 총리대신 비서관), 해군의 다카기 소키치(高木惣吉, 소장, 교육국장)와 동지가 되었습니다. 함께 종전 공작을 담당했습니다.

기시 노부스케 씨와는 제2차 대전 전부터 친하게 지냈습니다. 기시 씨는 머리가 좋은 사람입니다. 내가 무엇을 말하는지 전체를 제대로 파악한 후 말하니까 이야기하기가 수월했습니다. 그렇지만 사토 씨는 조금 다릅니다.

사토 씨를 좋아하는 사람도 있지만, 역시 기시 씨를 좋아하는 사람이 훨씬 많았죠. 개인의 취향도 있지만, 기시 씨는 무슨 일이 있으면 나를 불러서 "좀 와 주게, 이야기 하고 싶네."라 말하는 사이였습니다. 사토 씨와는 별로 그런 일은 없었지요.

오히려 히로코 부인이 "우리 집 양반은 오랫동안 한 우물만 파던 사람이어서, 당신처럼 두뇌 회전이 빠른 사람과는 달라요. 남편이 부탁하더군요. 부족한 부분은 잘 보살펴 주세요."라고 하는 겁니다. 뭐 인간적으로는 좋은 사람이지요.

하나이 가세 대사님이 동분서주해서 사토 씨에게 노벨상을 안겨 줬다던데요, 무슨 공작을 하셨습니까?

가세 그건 내가 했던 교섭 중에서 가장 힘들었던 일입니다. 사토 씨는 세상의 모든 이권이나 훈장은 더는 받고 싶은 것이 없다고 할 정도였는데, 노벨상이 아직 남아 있었어요. 노벨평화상을 받고 싶다는 것이 사토 씨의 마음이었죠. 사실은 나는 요시다 씨가 노벨상을 받게 해 주려고 했어요. 그런데 요시다 씨는 "나는 됐어, 사토는 어떤가?"라고 했죠. 그 정도로 사토 씨를 아꼈습니다. 그럼 해볼까 하는 생각으로 공작을 한 겁니다.

이 일을 하면서 정말 고생했어요. 노벨평화상 선정은 학자나 실업가 6명 정도가 모여 위원회를 만듭니다. 세상 물정은 잘 모르는 셈이죠. 하물며 일본의 정치가 이름을 한 명이라도 알 리가 없죠. 그런 상황에서 열리지 않는 문을 억지로 열게 해서 들어가 일본이 받게 한 것입니다. 정말 위원회가 아무것도 몰랐어요.

하나이 위원회가요.

가세 이쪽이 주제넘은 말을 해도 이해를 하지 못했어요. 학자니 실업가니 하는 사람들은 각자의 나라에 돌아가면 개별적으로는 훌륭한 사람들이지만, 아무래도 노벨상위원회라고 모이면 그리 훌륭하다고는 할 수 없습니다. 꽤 고생했어요. 일본인은 노벨상을 우러러 받들지만, 노벨상이란 그런 정도의 것입니다.

귀국 후 하네다에서 사토 씨에게 전화를 걸어 "노벨평화상을 받

게 되었습니다."라고 했더니 깜짝 놀라더군요. "어, 설마 받을 수
있으리라고 생각 못 했네."라고 했습니다.

하나이 대사님은 노르웨이에 가셔서 동분서주 하셨겠네요?

가세 그렇습니다. 상대는 뭔가 거만하게 나왔지만, 사토 씨가 노벨평화
상을 받게 해주고 싶다는 생각으로 우리가 가서 간절하게 말하니
귀를 기울여 줬습니다.

위원회 위원장을 비롯해 위원들은 '사토'라는 이름을 들은 적이
없다보니 깜짝 놀라서 "그렇습니까, 당신이 그 메신저입니까?"라
고 모두 눈을 동그랗게 떴습니다. 물론 좀처럼 예스라고는 하지
않죠.

위원 중에 여성이 있었습니다. 나는 그 사람이 '예스'라고 말하게
하기 위해 작전을 세웠습니다. 그 사람에 대해 조사해보니 휴가
를 얻으면 좋아하는 책을 읽는 사람이라는 것을 알았습니다. 그
래서 그녀가 좋아하는 작가도 조사했죠. 그녀를 설득해 납득시키
면 좋은데, 여성을 설득해본 경험 별로 없었어요(웃음). 그러나 어
쨌든 고가의 핸드백을 선물하며 "사토는 아시아에서는 뛰어난 인
물로, 평화에 크게 공헌했으니까 노벨평화상을 받고 싶다."고 설
득해서 성공했습니다.

북한 납치 문제는 Vital Interest인가

하나이 좀 다른 이야기를 하자면, 지금 북한에 납치되었던 사람들이 귀국

국하고 있습니다. 그 문제가 외교 교섭이 되고 있는 겁니다. 북한은 역시 극단적인 이데올로기 국가지요.

생각해보면 일본은 독일이나 소련 같은 이데올로기 국가와도 친밀하게 지낸 적이 있지만, 이데올로기라는 것은 매우 어려운 문제죠.

가세　그렇죠.

하나이　그러나 북한이라는 말을 들으면 왠지 몸이 굳습니다. 저도 경계하는데, 옛날부터 그랬습니까?

가세　네.

하나이　북한에 납치되어 있는 사람들을 일본에 다시 데려오는 일은 일본의 Vital Interest입니까?

가세　자국민을 보호하는 것은 국가의 사명입니다. 자국민이 유괴, 납치당하는 것은 국가가 무시를 당하는 것과 같습니다. 그러나 지금 정부의 인식으로는 치명적인 정도까지 간 것은 아니지 않을까요?

하나이　경계 지점 정도입니까?

가세　북한은 상당히 교활합니다. 무리하게 독재 체제를 취하고 있어서 이상해졌지요. 그런 나라와 대화를 하기란 어렵습니다. 미국, 한국과 협력해서 체제 붕괴를 도모해야 합니다.

하나이　가세 씨는 저서에 'Power Politics(국가적 이익·세력 유지·확장 추구 정책)는 안 된다.'고 기술하셨는데요, 현실적으로는 여전히 Power Politics가 계속될 것 같은데 어떻게 하면 좋을까요?

가세　Power Politics를 부인하기란 어렵습니다. 어떻게 Power Politics

와 양립해나가는 정책을 취할까, 그것밖에 없다고 생각합니다. Power Politics에만 치우쳐서는 안 된다는 의미에서 그렇게 말한 것입니다.

하나이   외무성 안에 우리가 원하는 인물이라고 생각되는 사람이 있습니까? 전쟁 전후를 통해 제일 먼저 누구를 들 수 있습니까?

가세   제가 활동했던 시대에서 이야기하면 역시 요시다 시게루죠. 확실히 그 사람에게는 꽤 개인적인 문제가 있었어요. 사치를 좋아해서 런던에서 마음에 드는 게 있으면 돈이 없어도 일단 사고 봤죠. 감당할 수 없는 선배라 생각하지만, 역시 실력은 요시다 시게루라고 생각합니다.

하나이   지금 요시다 시게루 씨가 살아있다면 총리대신이 돼서 대단한 일을 했을 것이라 생각하십니까.

가세   그렇죠. 그렇게 생각합니다. 오만한 사람이어서 스스로 믿는 것을 행했죠. 주위에서 버거워하지 않은 것은 아니지만, 허나 어딘가 정말로 인간미가 있었어요.

하나이   그건 인간적 따스함입니까?

가세   그렇습니다, 사람을 봤지요. '저 사람은 못쓰겠는데.' 하는 판단이 재빨리 들었어요. "그런 자를 데려오면 안 돼."라고 했죠.

하나이   외교관의 조건으로 대사님은 '성실함'을 언급하셨는데, 구체적으로 그 성실함이란 어떤 것입니까?

가세   아시다시피 저는 조용한 편이라서요. 별로 이의를 달지 않았습니다만, 선배인 이상 선배에 대한 예의라는 게 있어요. 그것을 무시하면서까지 이렇게 해야 한다거나 저렇게 하는 편이 좋다고 나서서 말하는 것은 싫어합니다. 사람과의 관계에서도 국가 간의 관계에서도 예의는 중요합니다.

나는 꽤 예의 바르게 성장한 편입니다. 따라서 선배들도 나에게 맡겨 두면 예의를 지키며 함께 일을 해나갈 수 있다고 생각해 주었죠. 그렇다고 저 선배의 뒤치다꺼리를 하는 것이 싫다는 생각을 한 번도 안 해본 것은 아닙니다. 다만 국가를 위해서라면 어쩔 수 없다. 국가를 위해서라면 해야지 하는 것이었습니다.

하나이 바른 예의는 역시 어머님으로부터 배우신 겁니까?

가세 어머니가 예의바르게 키우려 한 점도 있지요.

여하튼 예의를 차릴 줄 모르는 관계에서는 당연히 큰일은 할 수 없다고 생각해요. 같은 선배라도 저 선배 밑에서 일해보고 싶다는 경우도 있죠. A씨와는 맞지만 B씨와는 맞지 않는다고 할 때도 있습니다. 그러나 보시다시피 나는 성미가 급한 편이어서 툭하면 싸우려 드는 도쿄 토박이지만, 알아서 자제해 싸움은 하지 않습니다.

외무성은 전국에서 자신이 수재라고 착각하고 있는 사람들이 모여 있으니 힘든 부서예요.

주변 사람들 이야기

가세 나는 피아노를 칠 줄 압니다.

하나이 언제 배우셨습니까?

| 가세 | 쉰 살이 되고 나서죠. 아내는 바이올린을 켤 줄 압니다. 아내의 큰 오빠인 오노 도시카즈(小野俊一)[46]는 장손인데 결혼한 상대가 오노 안나[47]라는 유명한 러시아인 바이올리니스트였으니까요. 그 분은 일본 바이올리니스트를 키워낸 공로자입니다.

오노 도시카즈가 러시아 혁명 전에 상트페테르부르크에 유학했을 때 안나와 결혼했습니다. 스와 네지코(諏訪根自子)[48]를 비롯해 많은 일본인 바이올리니스트를 안나가 키웠지요. 일본 바이올린 계를 개척한 선생님입니다. 그리고 존 레논의 아내인 오노 요코[49]가 있지요. 요코는 제 아내의 오빠의 딸입니다.

그리고 앞서도 이야기했지만, 저의 어머니는 이노 다다타카의 증손녀입니다. |
| --- | --- |
| 하나이 | 그렇습니까? 얼마 전에 이노 다다타카가 측량해서 만든 고지도가 나왔지요. |
| 가세 | 맞습니다. 고지도는 3장을 제외하고는 국회도서관에 있습니다. 행방이 묘연했던 그 3장이 미국 스미스소니언 박물관에서 발견되었습니다. 그것과 일본에 있는 것을 합하면 완성되는 것이죠.

2004년 이노 다다타카 탄생 260주년을 맞이해 마쿠하리멧세 컨벤션 센터에서 전체 지도를 전시하는 이벤트 기획이 있었다고 합니다.

이노 다다타카는 예순이 넘어서 전국 측량을 시작했으니, 요샛말로 하면 정년퇴직 후에 삶의 보람을 찾은 사람이라고 할 수 있습니다. |

세 개의 직업 — 외교관, 대학교수, 저술가

하나이 가세 씨는 세 개의 직업을 해보고 싶었다고 하셨는데요. 하나는 외교관, 하나는 대학교수, 또 하나는 저술가를 하고 싶다고 하시고 이 세 가지를 모두 하셨습니다.

가세 하다 보니 우연히 그렇게 된 거죠.

하나이 그 중 하나만으로도 힘든데, 세 가지 다 가능했다는 것은 역시 굉장한 노력을 하셨다는 거겠죠.

하나이 노력은 했지요.

하나이 외교관, 대학교수, 저술가 이 세 가지를 전부 하셨어요. 제 입장에서 보면, 가마쿠라까지 찾아와서 이야기하고 싶은 사람은 별로 없습니다. 세 가지나 할 수 있는 사람은 없어요.

가세 그런가요?

하나이 대학에 몸담고 있는 사람으로서 저의 전문 영역과 관련해 가세 교수님이 쓰신 글을 읽어 보았는데요 수준과 퀄리티가 굉장히 높습니다. 특히『미주리호로 가는 여정』이라는 책은 박사학위 수준이라고 생각합니다. 그 외에 저술가로서 시국을 논하고 계시죠. 여기에서도 한 마디 한 마디가 다 훌륭합니다. 세상이 왼쪽으로 치우쳐 있을 때 중용을 지키며 논평한다는 것은 상당히 어려운 일인데, 그 일도 하고 계십니다.

가세 그렇습니다. 말씀하시는 대로 어려웠죠.

하나이 저서만 해도 50여권이 되죠. 정말 대단하십니다. 저는 그 중 몇 권인가는 대학에서 사용해도 좋을 텍스트라고 생각합니다. 게이

오대학을 비롯해 세 군데 대학에서 가르치셨는데요, 대학교수로
서 어떻게 느끼셨습니까?

가세 역시 젊은 사람들에게 '실은 이렇다'라는 이야기를 하는 것을 좋
아했어요. 또 학생들도 열심히 들어주었습니다. 그러니까 꽤 지지
를 얻어서 내가 온다고 하면 게이오대학도 그렇지만, 교토외국어
대학도 많은 학생들이 들으러 오곤 했어요. 내 이야기는 역사적
사실이라는 의식이 있었던 것이죠.

좋고 나쁨을 떠나, 고생한 선배가 있었다는 생각으로 모두 들으
러 온 것입니다. 기분이 나쁘지는 않죠. 그런 젊은이들이 일본을
다시 세워야 한다는 것이 저의 생각입니다.

하나이 저도 대학에서 가르치고 있지만, 전적으로 동감입니다. 가세 선생
님, 장시간에 걸쳐 여러 이야기를 들려주셔서 감사합니다. 이렇게
가세 선생님과 이야기를 할 수 있으리라고는 생각도 못했기에 대
단히 영광이었습니다.

가세 별 말씀을요. 저야말로 감사합니다.

제2장

미일전쟁은
회피할 수 있었다

가세 도시카즈

미일 교섭의 진상

미일 교섭이 결렬되고 1941년 12월 8일 진주만 기습이 이루어진지 만 50년이 지났다. 교섭과 관련해 사실과 다른 소문이 많은데 이를 방치하면 역사적 사실로 굳어버린다. 반세기의 고비를 맞는 이때, 진상을 검토할 필요를 통감한 것이다.

나는 시작부터 결말에 이르기까지 교섭의 전 과정에 깊이 관여했기 때문에 그 본질과 경과를 잘 알고 있다. 이 복잡하고 기묘한 교섭의 진상을 말할 자격을 지닌 사람은 별로 없는데, 아마도 내가 그 중 한 사람일 것이라 자부한다.

교섭에는 3단계가 있었다. 1단계인 마쓰오카 외무대신 시절에 나는 정무비서관으로 참가했다. 마쓰오카 요스케는 만사를 독단으로 처리했기 때문에, 외무성은 대신과 비서관만으로 움직이고 있다고 기자들이 수근거리곤 했다. 따라서 나는 누구보다도 그의 심경을 알 수 있는 기회가 많았다. 마쓰오카는 수수께끼 같은 사람이라고 하는데, 사실 그 사람만큼 심플한 인물도 많지 않을 것이다.

게다가 교섭은 이 제1단계, 즉 시작 단계에서 결렬이 불가피한 숙명을 짊어지고 있었던 것이다.

제2단계인 도요타 외무대신 시절에 나는 잠시 중국 관련 과장을 맡고 있었는데, 런던에서 귀국한 시게미쓰 마모루가 교섭 고문 격으로 참가했기 때문에 나는 그와 함께 고노에 수상을 도왔다.

제3단계인 도고 외무대신 시절에는 북미 과장으로 교섭 사무를 주관하면서 다시 비서관을 겸임했다. 글자 그대로 침식을 잊을 정도로 교섭 타결에 온힘을 다했다.

상기의 경험을 뒤돌아보고, 또 그 후 미국과 다른 나라에서 공표된 외교
문서나 중요 인물의 회고록, 정평 있는 역사가의 저술 등을 다양하게 정독
한 결과, 나는 미일 교섭이 전쟁을 유발했으며, 준비가 부족한 상태로 교
섭에 착수하지만 않았더라면 전쟁을 회피할 수 있었으리라고 믿기에 이르
렀다.

어째서일까. 이 한 편은 그 질문에 대한 회답이다.

수포로 돌아간 대영 교섭

미일 교섭의 시대 배경을 회고해보자.

만주사변(1931년 가을)이 중일전쟁(1937년 여름)으로 확대되자 일본의 군
사행동 때문에 영미는 기득권익을 침해당했다며 강경하게 항의를 이어나
갔고, 일본과 격렬하게 대립했다.

그 무렵 나는 런던 대사관의 서기관으로 요시다 시게루, 시게미쓰 마모
루 밑에서 영일 관계 타개를 위한 노력을 거듭하고 있었다. 두 대사 모두
대영 관계를 개선하면 대미 관계도 호전된다고 생각해 런던을 통해 워싱
턴에 접근하는 방법을 취했다. 영국 외교는 현실적이며 타협에 능하지만,
미국 외교는 법리적이며 이념을 중히 여긴다. 영국은 탄력성을 발휘하지
만, 미국은 경직된 자세를 취한다.

시게미쓰 대사 시절에 간신히 노력이 결실을 맺어, 영국 정부는 장제스
(蔣介石) 군수물자 보급 루트, 즉 원장(援蔣) 루트 중 홍콩 루트와 버마 루트

의 3개월간 폐쇄를 단행했다. 일본의 요청에 응한 것인데, 이때 나는 난항을 겪고 있는 시게미쓰 대사와 핼리팩스 외무장관 간의 교섭을 측면에서 지원하기 위해 처칠 수상 – 재야 시절부터 친분이 있는 사이였다 – 의 측근을 설득했다. 사실 버마 루트 폐쇄는 처칠이 결단을 내린 것으로, 그 대신 3개월 안에 중일전쟁을 처리하길 바란다는 것이었다. 일이 그렇게 진행되면 영일 양해를 더욱 확충하고 미국의 동조 또한 구할 속셈이었다. 요나이 미쓰마사(米內光政) 수상이 이끄는 내각 말기에 있었던 일이다. 일본이 평상심을 잃지 않았더라면 영국의 정책 대전환에 즉시 대응해 대영, 대미 관계를 타개할 절호의 기회가 되었을 것이다.

그런데 추축동맹의 조기체결을 두고 애태우던 육군은 하타케 슌로쿠(畑俊六) 육군대신을 사임시키고, 그 후임을 지명하지 않았다. 쇼와 천황은 애석해했지만, 요나이 수상은 어쩔 수 없이 총사퇴를 하기에 이르렀다. 이어 등장한 것이 제2차 고노에 내각이다. 조각 후 두 달이 지나지 않아 삼국동맹이 조인되었다. 따라서 모처럼의 처칠 수상의 영단도 소기의 효과를 올리지 못했다. 지금도 유감스럽게 생각하는데, 일본 군부는 영국의 멸망이 머지않았다고 맹신하고 있었다.

마쓰오카 외무대신과 삼국동맹

고노에 수상은 외무대신에 마쓰오카 요스케를 기용했는데, 이를 두고 쇼와 천황과 최측근 원로인 사이온지 긴모치(西園寺公望)가 위구심을 표명했다. 그러나 고노에는 "마쓰오카는 영웅으로, 그러면 군부를 장악할 수 있다.”라고 하며, 다른 의견에 귀를 기울이지 않았다. 사실 고노에와 마쓰오카는 유사한 세계관을 공유하고 있었다.

고노에는 제1차 세계대전 종결 직전, 교토대학 졸업 직후 「영미 본위의 평화주의를 배제한다」는 제목의 논문을 발표해, ‘영미의 평화주의는 현상 유지를 제일로 치는 자가 주창하는 무사안일주의로, 반드시 정의와 인도에 합치하지 않는다. ……일본은 독일과 마찬가지로 현상 타파를 추구해야 할 의무가 있는데, 우리나라의 논자가 영미의 선전에 미혹되어 평화, 즉 인도라고 속단하고, 영미 위주의 평화주의에 동조하며 국제연맹을 친혜인 듯이 애타게 우러르는 것은 어리석기 짝이 없다’고 논했다. 이에 따라 만주사변을 긍정하고 동아시아의 신질서를 제창했는데, 거기에 마쓰오카와 공명할 소지가 있었다.

마쓰오카는 다소 신기가 있는 사람이었는데, 그런 만큼 기백이 날카롭고 대단했다. 내 면전에서 무토 군무국장 - 육군대신보다 실력이 있었다 - 을 노려보며 “막료는 입 다물고 있어!”라고 일갈한 적도 있다. 다른 사람은 할 수 없는 대담한 행동이었다. 그래서 각료회의도 자신의 생각대로 리드했다. 그러나 이것이 자신감 과잉이 되었고, 타고난 요설가 기질과 함께 그에게 화로 작용했다. 그는 현란한 웅변가였지만, 자신의 말재주에 취하는 모습을 보였다. 무엇보다 도도하게 논하는 사이에 상상력을 자극받아 새로운 발상이 샘솟는 것 같았다. 게다가 오른쪽으로 가자고 하면 우선 왼쪽으로 향하고, 크게 긍정하자고 하면 우선은 강하게 부정하는 것이 정석이었다. 많은 사람들은 그의 열변에 현혹되면서도 모순을 느꼈다. 수수께끼 같은 인물이라 이야기되는 이유다.

고노에 내각 발족 후 곧이어 베를린에서 하인리히 게오르그 슈타머 특사가 도착했고 마쓰오카 사저에서 극비 교섭이 시작되었다. 시종 마쓰오카의 페이스대로 진행되었으며, 삼국동맹은 3일 만에 기본적 합의에 도달했다. 단호하게 군부의 간섭을 배제했기에 무토 군무국장조차 교섭 내용을 알지 못했다. 이리하여 마쓰오카는 군부로부터 외교의 주도권을 탈환했다. 삼국동맹의 목적은 미국의 참전 저지에 있었다. 독일은 조약 성립후에 일소 관계의 개선을 알선하고, 삼국동맹에 소련을 동조하게 하여 4국 협상을 실현하는 리벤트로프 복안을 제시했다. 고노에 수상과 군부 수뇌는 4국 협상을 배경으로 미국과 교섭해 중일전쟁을 해결하고, 영미를 견제해 평화적으로 남진 정책을 추진할 수 있다고 생각했다. 삼국동맹이 일본, 독일과 이탈리아가 아시아와 아프리카의 신질서 건설의 지도권을 상호 인정했기 때문이다.

이보다 앞서 마쓰오카는 외무대신에 취임하자마자 시게미쓰 대사에게 "가세를 정무비서관으로 기용하고 싶으니 서둘러 귀국시켜 주게."라고 요청했다. 하지만 시게미쓰가 나를 쉽게 놓아주지 않아서 귀국한 것은 1940년 11월이었다.

귀국하자 나는 외무대신에게 "미국에 뜻이 통하는 벗이 많고 미일 친선을 중시하는 분이 어째서 추축동맹을 맺었나요?" 하고 물었다. 마쓰오카는 이 질문을 기다렸다는 듯이 "내 등장이 조금만 더 빨랐더라면 삼국동맹을 맺을 필요는 없었겠지. 지금으로서는 달리 방법이 없네. 그러나 결국 목적은 미일양해 달성에 있어. 나는 성공 가능성이 있다고 생각하네. 곧 자네가 마음껏 일해 줘야 할 상황이 반드시 올 걸세. 영국과 미국을 잘 아는 자네를 비서관으로 삼은 것은 그 이유 때문이야."라는 대답을 했다. 자신만만했다. 요컨대 삼국동맹의 사명은 미국의 참전을 저지하면서 소련을

끌어들이기 위해서인데, 소련을 유인하는 것은 중일전쟁을 처리하고 미일 우호를 회복할 수단이라고 설명했다.

마쓰오카는 열세 살 때 뜻을 품고 미국 서부 포틀랜드에 유학해 10년가량이나 체재했으므로 미국에 대해 친근감을 갖고 있었다. 그러나 영국에 대해서는 잘 몰랐고, 독일도 그다지 좋아하지 않았다. 독소전쟁이 시작되었을 때 독일과 호응해 소련을 치라고 주상해 천황을 놀라게 했다. 북방의 위협을 제거할 수 있다고 생각했을 뿐 아니라 독일이 블라디보스토크까지 진격하면 일본의 아시아 정책에 걸림돌이 된다고 두려워했던 것이다.

미국의 진의를 파악하지 못하다

삼국동맹은 일본군이 프랑스령 북부 인도차이나에 진주하고, 미국이 보복 조치로 고철 전면 금수 조치를 행한 다음날에 조인되었다. 미일 관계는 그 정도로 악화되어 있었다. 또 그 이틀 전에는 히틀러가 영국본토상륙작전 – 바다사자 작전 – 을 연기하기로 결정, 사실상 방기했다. 즉 영국의 최대 위기가 사라진 것인데, 당시에는 영국, 미국, 일본 모두 그것을 알지 못했다.

그래서 루스벨트 대통령은 고전하는 고립무원의 영국을 원조하기 위해 신속하게 참전하려 했으나, 삼국동맹 성립 후에는 미국이 참전하면 일본이 삼국동맹을 발동해 독일을 지원할 우려가 있었다. 미국은 대서양과 태평양 두 곳에서 동시에 작전을 수행할 준비가 되어 있지 않았고, 국민 다수는 참전에 강하게 반대했으므로 루스벨트는 초조해했다. 미국이 참전해도 일본이 끼어들 수 없게 할 수 없을까를 고심했다. 일본을 삼국동맹에서 이탈시키는 것이 가능하면 가장 좋겠지만 이는 어려울 듯싶으니 아쉬운 대로 동맹을 사문화시키고 싶다. 그도 불가능하다면 미국의 전비가 갖추어질 때까지 어떻게 해서든 일본에 유화책을 펴 시간을 벌자고 생각했다.

이것이 미일 교섭 과정에서 미국이 일관되게 추구한 목적이다. 즉 삼국동맹의 거세가 초점이었던 것이다. 일본 측은 이를 충분히 인식하지 못했다. 특히 노무라 주미 대사는 교섭의 중점이 중국에서의 일본군 철수라고 굳게 믿고, 그렇게 정부에 보고했다. 이에 따라 고노에 수상, 도조 육군대신, 도요타 외무대신 모두 잘못된 방향으로 인도되어 교섭의 핵심을 파악하지 못했다. 그렇지만 마쓰오카만은 삼국동맹이 최대의 초점임을 알고 있었다.

삼국동맹이 체결되자 당연히 일본과 영미 관계는 눈에 띄게 냉각되었다. 게다가 그 후 독소 관계가 악화되었기에 리벤트로프 복안의 4국 협상 구상은 소멸되었다. 고노에 수상과 각료들은 매우 낙담하며 앞길에 불안감을 품었다. 그래서 미일 관계의 파탄을 방지하는 것이 급선무라 생각해 대미 전쟁을 혐오하는 해군의 협력을 구했다. 그 결과 1941년 초 해군의 장로인 노무라 기치사부로 제독이 주미 대사로 기용되었다.

노무라는 주미 대사관부 해군무관 시절부터 루스벨트와 안면이 있었던 데다가 미일우호 유지에 열심이었다. 주미 대사로 내정되고 각서나 대미 시안을 수상과 외무대신, 해군 수뇌에게 제시했는데, 대략 온건하고 타당한 내용이었다. 예를 들면 '미일 간 전쟁이 일어나면 장기전이 되어 일본이 불리해지는 것이 명백하므로 대미 강경책의 적정선을 유지한다. 독일을 만족시키기 위해 일본 해군이 미국과 싸우는 어리석은 행동은 절대로

피한다.'고 썼다.

　노무라 대사가 부임하기 전날, 나는 외무대신의 명을 받아 대사 사저를 방문해 두루마리에 적은 한 통의 훈령을 건넸다. 심부름 하는 사람은 용건의 내용을 알아야 한다며 외무대신이 나에게 이 봉서를 보여주었다. 엄중한 내용으로 '삼국동맹은 왕년의 영일 동맹과 같이 일본 외교의 중추로, 설령 미국을 압박 위협해서라도 미국의 대일 개전 또는 유럽 참전을 예방해야 한다.'고 쓰여 있었다.

　마쓰오카는 스스로 본격적으로 전면에 나서기 전까지 노무라가 미일 간의 긴장 분위기 완화에 조금이라도 도움이 되면 된다는 정도로밖에 생각하고 있지 않았다. 따라서 노무라가 기대한 그런 사무적 훈령은 내릴 필요성을 느끼지 못했다. 노무라는 이 점이 불만이었던 것 같았다. 두 사람의 기본적 콘셉트가 전혀 다르니까 의사소통도 무척이나 어려웠을 것이다.

민간인을 통한 화해 공작

　1940년 11월말, 미국에서 메리놀회(구교) 해외포교협회의 회장인 월시와 차석인 드라우트 두 선교사가 일본을 찾아왔다. 그들의 배후에는 루스벨트 정부의 워커 우정장관이 버티고 있었다. 장관은 힘이 있는 가톨릭 신도였다. 루스벨트의 선거사무장으로서 대통령 선거에서 가톨릭 표를 챙기는 데 큰 역할을 했다. 대통령이나 헐 국무장관도 경의를 표하는 인물이었다.

　두 선교사는 미국의 고명한 쿤롭 재단을 대표하는 슈트라우스(후에 원자

력위원장)로부터 일본의 지인 9명에 대한 소개장을 받아왔는데, 수령자의 한 사람이 산업조합중앙금고 이사인 이카와 다다오였다. 그는 뉴욕 재무관 사무소에 근무했을 때 슈트라우스와 친해졌다. 두 선교사는 이카와의 안내로 각 방면의 유력 인사들을 차례로 방문했다. 12월초 마쓰오카 외무대신을 예방했을 때는 나도 동석했다. 월시 사제는 중후하고 신중했지만, 드라우트 신부는 영민하고 굉장히 수완가 같다는 인상을 받았다. 두 사람 모두 아일랜드계로 강경한 반공·반영주의자였다.

드라우트는 "미국과 일본이 공동으로 극동 먼로주의를 선언, 제국주의적 유럽 세력의 아시아 지배에 종지부를 찍고, 공산주의의 위협을 배제한다. 일본이 서태평양을, 미국이 동태평양을 세력 범위로 해 협력하면 전쟁의 화가 극동아시아에 파급되는 것을 방지하고, 호기를 기다려 유럽 전쟁의 공동 조정자가 될 수 있다. 이렇게 해서 양국 간의 충돌을 회피하고 소련에 대한 지반을 강화할 수 있을 것이다."라고 진언했다. 마쓰오카는 기분이 좋았는데, 이 진언을 흘려듣고 미일 우호 확립이 그의 숙원이라고 강조하며 자신만의 웅변을 토했다. "만약 루스벨트 대통령과 한 시간 회담이 가능하면 미일 관계를 호전시킬 자신이 있다. 이를 귀국의 요직에 있는 분들께 전해 달라."라고 했다.

며칠 후 마쓰오카는 두 선교사와 이카와를 외무성 간부와 함께 사저에서 열린 오찬회에 초대했다. 다음 날 드라우트 신부는 나에게 감사의 말을 하며 계속 마쓰오카의 식견을 칭찬했다. 노무라 대장이나 무토 군무국장과도 회담에 대한 이해가 일치했기 때문이다.

두 선교사는 연말에 귀국, 다음해인 1941년 1월말 워커 국장의 알선에 따라 백악관으로 대통령(헐 국무장관 동석)을 방문해 일본에서 있었던 일에 관해 보고했다. 요점은 '천황, 고노에, 마쓰오카, 노무라, 무토를 비롯해 일본의 고위층은 모두 미국과 일본의 관계 개선을 열망하고 있고, 고노에는 삼국동맹을 체결한 것을 후회하고 가능하면 이탈하고 싶다며 은근히 고심하고 있다. 일본 국민이 중국과의 전쟁에 매우 지쳐 있으니 체면을 차리면서 군부도 중국에서 철수하고 싶어 하는 지경이다. 이 정보들의 출처는 매우 확실하다.'는 취지였다.

정보 제공자가 누구인지가 문제인데, 짐작컨대 이카와인 것 같다. 그는 허가 없이 수상의 개인적 대표라고 자칭한 인물로 대장성 관료로부터도 전혀 신임을 얻지 못했다. 내 손윗동서가 이카와와 같이 뉴욕에 근무했기 때문에 나도 그와 일면식은 있었다. 참기 어려울 정도로 언동이 불쾌하고 경박한 재사였다. 그래서 모지(門司) 세관장으로 퇴임했을 것이다,

여하튼 두 신부는 대통령이 그들의 보고에 만족했다고 이카와에게 전보를 보냈다. 이카와는 기뻐하며 미국에 건너왔고 - 여비와 신분(외무성 촉탁)은 모두 이와쿠로 육군 대좌(군사과장)가 배려했다 - 이어 뒤따라온 이와쿠로와 함께 두 신부와 미일 관계 타개책을 궁리했다. 이와쿠로는 중국 문제에 대해 노무라 대사를 보좌할 임무를 띠고 왔고, 이카와는 그 통역이었다. 이와쿠로는 일본군의 중국 침공이나 삼국동맹 추진에도 암약한 유명한 모략가였다.

한편 노무라는 2월 중순 새 임지 워싱턴에 도착했다. 워커 장관의 조처로 이카와가 노무라를 헐 국무장관이 머무는 호텔방으로 안내했다. 이목을 피하기 위해 뒤쪽 계단을 이용했다. 대사관원에게는 알리지 않았다. 이것이 대사와 장관의 첫 만남이다. 특명 전권 대사가 국무장관을 처음 방문하는데 이런 변칙적인 행동을 취하는 것은 국제관례에 반한다. 그러나 노

무라는 토요일인데도 장관이 기분 좋게 맞아주었기 때문에, 그 이후 이카와를 전적으로 신뢰했다. 이후로도 노무라와 헐 간의 회담은 헐이 머무는 호텔에서 이어졌고, 이카와와 이와쿠로가 동석하는 일이 많았다. 드라우트는 외무 관료의 관여를 최대한 배제할 방침이었던 것이다.

거짓「미일양해안」에 뛸 듯이 기뻐함

한편, 그동안 드라우트와 이와쿠로, 이카와는 워커의 의향에 따라 장문의 메모랜덤(각서)을 기안하고, 이를 이와쿠로가 노무라 대사에게 제시했다. 노무라는 비밀 엄수를 위해 대사관 지하실에 간부 관원 4명을 모이게한 후 각서를 검토했다. 열흘 후, 노무라는 이를 헐에게 건넸고, 그 자신이참가해 작성한 미일양해안(Draft Agreement)이라고 설명했다. 헐은 '민간 유지들이 여러 노력을 하고 있음을 알지만, 국무장관으로서는 귀 대사 외에는 교섭을 하지 않겠다, 또 이 양해안은 귀 대사가 정부의 승인을 확보한후에(Under Authorization) 다시 일본 정부안으로 제출하면 그것을 회담의 기초로 삼아 비공식적으로 의견을 교환해도 좋다. 다만 미국 측이 당연히 수정과 삭제를 요구할 것이며, 별도의 새로운 제출안을 제시할 수도 있을 것이다.'라고 만일을 위해 못을 박았다.

또한 그는 ①모든 국가의 영토보전과 주권존중 ②내정불간섭 ③통상기회균등 ④평화적 수단에 의하지 않는 한 태평양의 현 상황을 변경하지 않는다는 4원칙을 적은 성명을 노무라에게 직접 건네고, 이를 수락하는 것이회담 개시의 불가결한 전제조건이라고 강조했다.

헐은 회담 후, 조지프 그루 주일대사에게 개요를 전문으로 보냈는데 '현 시점에서 일본 정부가 이와 같은 프로그램에 따라 행동할 의사나 능력이 있다고 생각되지 않는다.'고 끝맺고 있다. 헐의 회고록에는 '일본이 이 같은 제안을 실행할 가능성은 1%도 없다고 생각했다.'고 명기되어 있다. 혼베크 고문이나 해밀튼 부장 등 국무성 극동부는 모두 워커 그룹의 비밀공작에는 애초부터 회의적이었던 것이다.

그러므로 노무라가 '헐 국무장관도 이의가 없음을 확인했다, 장관은 이 안에 기초해 교섭을 추진해도 좋다고 했다.'고 도쿄에 타전한 것은 사실에 반한다. 게다가 이와쿠로는 도조 육군대신, 무토 군무국장에게 '대통령의 동의를 받았으니까 일본 정부가 동의하면 기본원칙은 금명간에 결정되는 게 확실하다.'고 전문을 보냈던 것이다. 또 이카와는 고노에 수상에게 '드디어 오늘내일 중으로 세계 역사상 대서특필할 만한 대사건의 초석이 놓일 것입니다.'라고 써 보냈다.

4월 16일 노무라는 이 양해안을 도쿄에 긴급 타전했다. 장황하고 난해하기 짝이 없지만 주목할 만한 점은

① 삼국동맹의 의무는 독일이 실제로 유럽 전쟁에 참가하고 있지 않은 나라(미국을 가리킨다)에 의해 적극적으로 공격받을 경우에만 발동된다.
② 중국의 주권과 영토 존중, 문호 개방의 부활, 중일 합의에 기초한 일본군 철수, 장제스 · 왕징웨이(汪精衛) 양 정권의 합류, 만주국 승낙 등에 관해 중일이 양해에 도달하면 미국 대통령은 장제스 정권에 평화를 권고한다.
③ 미일신통상조약 체결, 미국의 대일차관 공여

④ 일본이민 우대

⑤ 호놀룰루에서 루스벨트 · 고노에 수상 회담 개최

⑥ 교섭 타결 후에 미일 함대의 상호 친선 방문

등의 항목이었다.

이 양해안을 받아든 일본 정부의 놀라움과 기쁨은 상상도 할 수 없는 것이었다. 정부와 군부 대표는 춤이라도 출 듯이 기뻐했고, 대본영 정부연락회의는 즉각 전원 일치로 수락했다. 관계자는 모두 양해안이 미국 정부가 승인한 제안 즉, 미국 정부안이라고 믿었기 때문이다. 후에 도조 수상은 도쿄 전범 재판에서 "마지막까지 미국 정부의 제안이라고 믿어 의심치 않았다."라고 진술했다.

그런데 이것은 허위였다. 2차 대전 후 이와쿠로 대좌는 수기를 발표했는데, 양해안은 그와 드라우트, 이카와가 '날조한' 문서로 미국 정부안은 아니지만 그렇게 보고하면 정부와 군부가 틀림없이 달려들 것이라고 생각했다고 고백했다. 모략가다운 짓인데, 이에 놀아난 노무라의 책임이 막중하다.

게다가 노무라는 헐이 반복해서 강조한 4원칙에 대해서는 전혀 언급하지 않았다. 헐은 노무라의 영어 실력이 매우 빈약-Marginal-해서 어디까지 자신의 이야기를 이해했을지 늘 불안했다고 술회하고 있다.

마쓰오카 외무대신의 실각

고노에 수상은 마쓰오카 외무대신이 복귀할 때까지 미국에 회신을 보내지 않고 기다렸다. 외무대신은 독일과 이탈리아 방문 후, 4월 13일 모스크바에서 중립조약에 조인하고 의기양양하게 귀국하고 있었다. 나도 동행했다. 다롄(大連)의 남만주철도주식회사 총재의 공관에 하루 묵었을 때 고노에 수상으로부터 전화가 왔다. 미국에서 중요 제안이 왔으니까 서둘러 귀국하길 바란다는 요청이었다. 그때 내가 곁에 있었는데, 외무대신의 목소리가 차츰 높아졌고, "총리님, 미국 정부의 제안이라고 하셨습니까? 알겠습니다. 곧 돌아가겠습니다."라고 대답하고 수화기를 내려놓더니, 나에게 "자네, 다음은 미국으로 날아가야겠네."라고 했다. 후련한 표정이었다.

실은 모스크바 체재 중, 일소 교섭을 하는 중간 중간 외무대신은 예전부터 알던 스타인하트 미국 대사와 세 차례나 비밀 회담을 거듭하며 미일 교섭의 복선을 깔았다. 이 대사는 대통령의 신임이 두터워 직접 교신이 허용됐다. 나는 비밀 회담에 동석해 대사와 회의록을 작성했다. 스타인하트 대사는 나와 하버드대학 동창이었기에 협력이 수월했다. 외무대신은 독일과 이탈리아 방문 이야기를 하며 대사를 기쁘게 한 다음, "일본과 소련의 교섭이 난항을 겪고 있는데 어떻게든 정리하고 싶다. 타결되면 소련이 장제스 정권에 대한 원조를 중단할 테니 그 쇼크를 이용해 중국 정부가 놀랄 정도의 관용적인 화해 조건을 제시할 생각이다. 그때 루스벨트 대통령은 장제스에게 화평을 권고하고, 만약 거부하면 원조를 끊는다고 경고하길 바란다."라고 말을 했다.

상황에 따라서는 루스벨트·마쓰오카·장제스 3자회담을 하는 것도 재미

있지 않을까라는 심산이었다. 일소중립조약의 조인을 끝내자 외무대신 일행은 귀국길에 올랐는데, 시베리아 여행 중에 스타인하트 대사로부터 대통령의 반응이 매우 좋다는 전보를 받았다. 그러니 외무대신이 고노에 수상의 전화를 받고 내가 해야 할 일은 다 했다고 만족하며 기뻐한 것이다.

마쓰오카는 4월 22일 귀국해 처음으로 미국의 제안이 그가 루스벨트에게 한 공작에서 나온 것이 아니라 노무라의 책동의 결과임을 알고 깊은 환멸을 느꼈다. 마쓰오카의 입장에서 보면 노무라의 월권이었으며, 수상과 군부의 배신 행위였다.

같은 날 밤, 정부연락회의 전원은 외무대신의 미일양해안 승인을 기대하며 목을 빼고 기다리고 있었다. 마쓰오카는 외무대신 관저 환영 리셉션 때문에─그 사이에 나는 별실에 틀어박혀 외무대신이 수상으로부터 수령한 양해안을 서둘러 검토했다─늦게 9시 다 돼서 출석했는데, 마쓰오카가 히틀러와 무솔리니, 스탈린에 대해 웅변을 토하며 논하는 동안 한밤중이 되었다. 수상이 미일양해안 심의를 요구하자, 외무대신은 피곤하니까 보름 정도 천천히 생각하고 싶다며 도중에 자리를 떴다. 수상 이하 모두 대단히 실망했고 마쓰오카에 대한 불신의 분위기가 대두되었다.

외무대신 관저에서 정부연락회의로 향하는 차 안에서 마쓰오카는 양해안에 대한 내 의견을 구했다. 나는, 매우 조잡한 문체에다 외교문서 형식도 갖추지 못한, 명백히 영어를 엉터리로 번역한 것인데 원문 텍스트가 없는 것이 이상하다, 만주국 승인이라느니 차관 제공이라느니 하는 여러 이야기가 있는데, 이것들은 삼국동맹을 거세하기 위한 대가처럼 느껴진다고 답했다. 외무대신은 "맞는 말이다."라며 수긍했다.

우여곡절을 거쳐 마쓰오카의 의향을 반영한 수정안이 5월 12일에 노무라로부터 헐에게 건네졌다. 일본 입장에서는 미국의 4월 16일안(양해안)에 대응한 안이었다. 미국 측은 이를 일본이 낸 최초의 제안으로 해석하고, 6월 21일에 이에 대응한 별도의 안으로 회답했다. 미국으로서는 이것이 최초의 공식 제안이었다. 독소전쟁은 그 다음날 일어났다. 미국은 그것을 탐지하고 타이밍을 고른 것이다.

미국 입장에서는 삼국동맹, 중일 화평, 남진 정책 등의 항목에 대해 5월 12일안은 양해안(4월 16일)에 비해 후퇴한 것이었다. 따라서 6월 21일안에서는 미국은 삼국동맹의 냉각을 꾀하며 왕징웨이 정권을 부인하고 장제스 정권을 지지하도록 하며, 남진에 무력행사를 금하는 등 강경한 태도를 나타냈다. 게다가 부속 문서인 구두 성명(Oral Statement)에는 '일본 정부의 지도자 중에 나치의 침략정책을 지지하는 자가 있으므로 미일양해도 환영처럼 끝날 우려가 있다.'고 넌지시 마쓰오카를 비난하는 내용이 있었다. 이로써 마쓰오카는 미일 교섭은 가망이 없다고 포기한 것 같다.

독소 개전은 마쓰오카에게 타격이었다. 그는 삼국동맹과 일소중립조약 사이에서 운신하기 어려웠으나 전자를 우선했다. 한편 고노에는 4국 협상 구상을 일본에 달콤하게 제안했는데, 소련을 공격한 것은 독일의 배신행위라고 분개하며 독일과의 동맹 해소를 원했다. 그러나 군부는 나치의 결단 있는 진격에 감명을 받았고, 마쓰오카는 처음부터 문제시하지 않았다.

7월 2일에 열린 어전회의는 '독소전쟁에 잠시 개입하지 않는데, 전황이 일본에 유리해지면 무력을 행사해 북쪽 주변의 안정을 확보한다. 또 남진 정책을 추진하며 목적달성을 위해서는 대영미전도 불사한다.'는 방침을 결정했다. 미국은 일본의 암호 해독에 성공했고, 이 결정 이후 거의 모든 기밀을 입수했으므로 일본의 행동에 의혹을 품은 것은 당연하다. 소련도 또한 천재 스파이 리하르트 조르게가 결정 내용을 재빠르게 탐지하고 있었다.

이와 같은 상황에서 미일 교섭은 정체를 겪었는데, 마쓰오카는 7월 12일 정부연락회의에서 앞서 언급한 구두 성명의 거부와 미일 교섭의 중지를 주장했다. 이 무렵 마쓰오카는 지병인 폐결핵이 악화되어 지나치게 신경질적이었다. 그로 인해 고노에의 악감정과 군부의 반발을 불러와 결국 스스로 무덤을 파고 자멸했다. 그래서 고노에는 미일 교섭 속행의 장해를 제거하기 위해 마쓰오카를 몰아냈다.

마쓰오카는 병이 위중해 칩거하고 있었는데, 사임을 요구받고 놀랐던 것 같다. 그는 수상의 신뢰를 잃었다고는 생각하지 않았고, 천황의 신임도 계속되고 있다고 믿고 있었다. 그러한 점에서는 순정파고 지나치게 정서적인 인물이었다. 만약 그가 쇼와 천황의 『독백록』을 읽었다면 경악에 차서 분에 못 이겨 죽었을 것이다.

천황도 고노에도 유럽 방문 후의 마쓰오카는 다른 사람처럼 변했다고 이야기하고 있는데, 그것은 유럽을 정복하고 기세가 올라가는 나치 독일의 위용(이라고 그는 생각했다)에 감명하고 히틀러의 박력에 강한 인상을 받아, 일본을 변변치 않고 고노에를 유약하다고 통감했기 때문일 것이다. 내가 마쓰오카를 단순하다고 평가하는 이유이다.

그렇지만 『독백록』이 미일 교섭에 대해 '처음에는 매우 호조를 띠며 진행되었는데, 중요한 시기에 마쓰오카가 반대했기 때문에 수포로 돌아갔다.'라고 기술한 것은 분명히 사실에 대한 오인이다. 미일양해안은 비전문가의 판타지와도 같은 작문이어서 미 당국은 완전히 부정적 태도였으므로, 성과를 올릴 수 있을 리가 없었다. 결국은 미국 측의 모략에 이용된 것인데, 그 책임은 오히려 노무라에게 있다.

마쓰오카가 시도한 스타인하트·루스벨트 노선이 성공했는지 여부와는 별도로, 시게미쓰 마모루도 지적하듯이 미일 교섭은 '그 개시된 경위에 비판의 중점을 두어야' 한다. 시게미쓰는 '저주받은 교섭'이라고도 부르고 있는데, 준비 없이 이 같은 변칙적인 교섭에 착수하지만 않았더라면 아마도 진주만의 비극은 회피할 수 있었을 것이다.

천황의 의중은 '평화'에 있는데

제3차 고노에 내각은 마쓰오카를 대신해 도요타 해군대장(전 상공대신)을 외무대신에 임명했기 때문에 미일 교섭은 해군 출신 콤비에 의해 속행되었다. 고노에는 마쓰오카를 추방했으니 교섭이 호전되리라 기대했다. 그러나 새 내각이 삼국동맹을 견지하고 남진 정책을 추진하는 방침을 재외공관에 타전했는데, 이것이 '매직'(암호 해독)에 의해 미국 측에 수신되었기에 미국은 새 외무대신에게 냉담했다. 게다가 도요타도 노무라도 교섭의 핵심이 삼국동맹에 있음을 이해하지 못했고, 따라서 과녁이 없는데 화살을 쏘는 쓸데없는 교섭이 되었다.

게다가 일본이 프랑스령 남부 인도차이나에 진주했다. 미국은 이에 강경하게 반발해 자산동결을 하고 결국은 석유금수조치(8월 1일)를 단행했다. 지금까지는 대일 제재를 석유금수 레벨까지 진행하면 일본은 폭발한다고 관측하고 자제했었다. 이는 미국이 교섭을 단념한 것을 의미한다. 실제로 미 당국은 '교섭의 기초는 소멸했다.'고 성명을 냈다. 이상한 것은 일본 정부도 군부도 프랑스령 인도차이나라면 별일 없을 것이라고 쉽게 생각한 일이다.

쇼와 천황의 『독백록』에는 소련 침공론을 억제하는 대가로 프랑스령 남부 인도차이나 진주를 인정했다고 적혀 있는데, 군부는 늘 북진(육군)과 남진(해군)으로 분열하고 있었다. 그것이 석유금수조치에 의해 남진으로 일치되었다. 제2차 세계대전 후의 베트남전쟁이 입증하듯이 미국은 남베트남을 전략적으로 중시하고 있었다. 국무성은 노무라에게 경고하려고 시도했으나 노무라는 미국 북동부 메인(Maine)주로 휴가여행을 떠나 부재중이었다. 이런 중대한 시기에 부재라니 말이 되냐며 헐은 어이없어 했다.(『회상록』)

고노에는 정상회담을 통해 사태를 수습하고자 열심히 노력했고, 8월 28일 루스벨트 대통령에게 고노에 메시지를 보냈다. 회담 진행에 따라서는 현지에서 천황에게 직접 어필해 재가를 구해 대국적인 합의를 즉결한다는 결의였다. 수석전권대사 시게미쓰를 위시해 야마모토 이소로쿠 제독 등의 군부 요인도 내정하고 나도 참가할 예정이었다. 처음에는 루스벨트도 이에 마음이 동했지만 헐이 중요 현안 타결이 선결이라고 주장했기 때문에 실현되지 않았다. 만약 이 해상 회담이 이루어진다면 4월에 작성된 양해안 이후 틀어진 교섭을 쇄신하고, 새로운 고차원적인 정치적 해결의 도모가 가능하리라는 생각을 하며, 시게미쓰와 나는 고노에 수상의 의향을 담아 미일 뉴딜안의 영문 작성에 임했다.

도요타 외무대신은 그루 미국 대사와 연일 열심히 협의를 이어나갔다. 대사는 회담 실현을 위해 전력을 기울였고 미일 관계 구제를 위해 이용 가능한 가장 좋은 - 혹은 최후의 - 기회라고 역설했다. 역사학자 찰스 비아

드 박사도 설명하듯이 이 회담의 성패 여부가 미일 관계의 일대 전환기였을 것이다. 그러나 고노에와 도요타의 현상 이해가 비현실적이었기 때문에 과연 정상회담이 성공했을지 예측하기 어렵다. 여하튼 헐의 태도는 시종 매우 냉담했고, 루스벨트의 9월 3일 회담에 의해 해상 회담은 성사되지 않았다. 고노에는 보기에 딱할 정도로 낙담했다. 이때 군부, 특히 해군은 비축된 유류가 고갈되면 연합함대는 장난감이나 다름없게 된다며 초초해했다. 그 결과가 9월 6일 어전회의 결정이다.

이는

① 대미(영·네덜란드) 전쟁을 불사한다는 결의 하에 대략 10월 하순을 목표로 전쟁 준비를 완성한다.

② 미영에 대해 모든 외교 수단을 동원해 우리의 요구 관철을 위해 노력한다.

③ 10월 상순이 되어도 요구가 관철될 전망이 보이지 않을 때는 바로 대미(영·네덜란드) 전쟁을 결의한다.

의 3개항으로 구성되어 있다. 전일인 5일 고노에가 이를 올렸을 때 천황은 전쟁이 우선이고, 외교가 후순위가 된 것은 납득할 수 없다며 수정을 시사했는데, 고노에는 대본영 정부연락회의의 결정은 변경하기 어렵다고 답했다. 또 내대신 기도 고이치(木戸幸一)가 '바로 개전을 결의한다.'는 위험하니까 변경해야 한다고 권고한 것에 대해서도 불가능하다고 했다.

어전회의 석상에서는 하라 요시미치(原嘉道) 추밀원 의장이 천황을 대신해 같은 질문을 했는데, 통수부가 명확한 답을 하지 않자 천황이 화를 내며 메이지 천황이 지은 '천하 백성이 모두 동포라 여기는 세상에 어찌 파도와 바람이 일어 시끄러운 것인가.'를 낭독했던 일은 잘 알려져 있다.

도조 육군대신은 깊이 송구해하며 청사로 돌아와, 목소리를 높여 "천황의 의중은 평화에 있다."라고 외치고, 무토 군무국장도 "전쟁이라니 말도 안 된다. 외교 교섭을 타결하라는 말씀이다."라며 흥분해 부하를 놀라게 했다. 만약 고노에가 어전회의 석상에서 천황의 행동에 즉각 반응해, 안건을 재검토하기 위해 철회하겠다고 하고 바로 수정에 착수했다면 육군대신도 두 총수부장도 송구해하던 때이므로, 어쩌면 저돌적으로 전쟁으로 향하던 태도를 변경할 수 있었을지도 모른다.

도조 내각 발족에 즈음해 천황의 지시에 따라 이 어전회의 결정은 백지화되는데, 그때는 너무 늦었다. 그렇다 해도 이렇게나 중요한 결정이 어전회의 전날에서야 천황과 내대신에 통보된 것이 놀랍다. 이는 어전회의 자체가 천황이 친히 참석하는 형식뿐인 의식에 불과하다는 것을 보여준다.

어쨌든 이 결정에 의해 고노에는 10월 16일 사임으로 내몰렸다. 고노에는 매우 총명했지만 유감스럽게도 결정적일 때 용기가 부족했다. 그가 지도자답게 목숨을 아끼지 않는 용기를 발휘한 때는 종전이 되던 무렵이었는데, 나는 그와 고생을 함께 나누면서도 더 일찍 이 용기를 내주었더라면 하고 절실히 생각했다.

공산당원이 기안한 「헐 노트」

고노에 내각이 바뀌고 도조 육군 대신이 내각을 조각했다. 천황도 기도 고이치(木戸幸一)도 도조라면 군부를 장악할 수 있을 거라고 기대했다. 도조는 대장으로 진급하여 육군 대신을 겸임하고 있었다. 일본에서 활약한 소련 간첩 리하르트 조르게는 직감적으로 전쟁이 날 것이라고 판단했지만, 미국 그루 대사는 현역 육군대장이 수상으로 취임한 것은 군부가 처음으로 정치 책임을 진다는 것으로 분석, 꼭 부정적으로만 해석하지는 않았다.

도조는 조금 편협한 인물이기는 했어도, 천황에 대해서는 순수하게 충성을 다하였다. "9월 6일 어전 회의 결정에 얽매이지 말고, 국내외 정세를 넓고 깊게 검토하여 신중하게 판단하라."는 천황의 지시에 도조는 성실하게 노력을 다하였다. 내무대신까지도 겸임한 것은 교섭이 타결될 것을 대비하여 국내 치안을 확보하기 위함이었다.

도고 시게노리가 외무대신으로 기용되었다. 나는 도고와 워싱턴 및 베를린에서 함께 근무하여 무척 친밀했으며 그는 나를 동생처럼 생각하였다. 도고는 강철같은 의지를 가진 강직한 인물이었다. 도고는 천황의 의향을 명심하여 교섭 타결에 전력을 다하라는 도조의 언질을 받고, 외무대신 자리를 받아들였다. 그 직후, 바로 와달라는 말에 이모아라이자카(一口坂)에 있는 그의 집으로 달려갔다. 늦은 밤 아무 말 없이 혼자 앉아 있었고, 조금 전 도조를 만나고 왔다고 했다.

음산한 빗소리를 들으며 나는 미일 교섭 경위를 설명했지만, 그는 낯빛을 흐리며 "응 그런가, 그렇게나 나쁜가."라고 중얼거리며 정원의 파초를 바라보았다. 나는 도고 그 사람이, 인적 없는 사찰에 가을비로 촉촉이 젖은 채 피어있는 파초만 같았다.

나는 그 풍경을 잊을 수가 없다. 지금도 계속…….

연락 회의는 열흘간 여덟 번의 회의를 거듭하며, 국내외 정세를 검토하고 열띤 토론을 벌였다. 17시간의 최종 토론이 끝난 것은 11월 2일 새벽이었고, '전쟁 결의를 기본으로 한 작전 준비와 외교 교섭을 병행하여 진행한다.'는 방침을 채택하였다. 그러나 통수부는 전쟁 시기를 놓치는 것을 우려해 교섭에 시한을 정할 것을 고집했기 때문에 도고와 격론을 반복하였다.

그 결과 우여곡절을 거쳐 "외교는 12월 1일 0시까지로 하고, 그때까지 타결된다면 전쟁 발기를 중지한다."라는 타협에 이르렀다. 이것으로도 알 수 있듯이 백지상태로 돌아갔다고 해도 9월 6일의 결정은 엄연히 존재하고 있었다. 해군의 연료 비축은 2년분밖에 없었기 때문에 비축량과 시간과의 경쟁이 되었다.

11월 5일의 어전회의는 상기 방침을 결정했고, 그 사이 새로운 제안으로 갑, 을 두 안을 채택했다. 이때 도고는 타결 가능성은 10퍼센트도 없다고 보고했지만, 도조는 아니 40퍼센트는 된다고 반론한 것이 인상에 남아 있다. 그래도 도고는 특유의 끈기를 발휘하여 노무라·헐 회담을 병행했고, 도쿄에서도 그루 대사와 절충을 했으며, 나의 의견을 받아들여 로버트 크레이기 영국대사와도 함께 수시로 회담을 했다. 내가 통역을 맡았다.

또한 노무라의 교섭 능력이 의심스러웠기 때문에 베테랑인 구루스(来栖)대사를 급파했다. 구루스는 루스벨트와 2회, 헐과 10회, 워커와 2회 회담을 했기 때문에 문제점이 명료해졌다. 그렇지만 헐은 상당히 완고해서 한 발자국도 양보를 하지 않으므로 시간이 경과함에 따라 국면은 악화되었다. 이윽고 일본이 '을' 안인 중국·프랑스령 인도차이나를 우회하는 잠정안을 제시하니, 헐도 다른 잠정안(기간 3개월)에 따라 사태의 완화를 모색했지만 중국 정부의 맹렬한 반대를 불러일으켜 결국은 포기했다. 헐은 11월 25일, 포기한 것을 대통령에게 보고하고, 대신하여 10개 조항을 일본에 들이밀려고 결심하였다. 이것이 악명 높은 「헐 노트」이다. 그 주요 내용은

① 중국 · 프랑스령 인도차이나에서 모든 일본 육해공군과 경찰대 철수

② 왕징웨이 정부의 전면 부인

③ 삼국동맹의 사문화

④ 일, 미, 영, 소, 중, 네덜란드, 태국 7개국의 다변적 불가침조약 체결

등, 일본으로서는 도저히 받아들일 수 없는 내용이었고, 게다가 지금까지의 교섭경위를 완전히 무시하고 있었다.

이 원안은 한스 모겐소 재무장관의 신뢰가 두터웠던 해리 덱스터 화이트 차관이 기안했는데, 화이트는 공산당 비밀 공작원이었던 사실에 주목할 필요가 있다. 당시 다수의 공산당원이나 스파이가 루스벨트 시정의 중요 지위에 잠입해 있었다.

화이트는 후에 비미활동조사위원회(HUAC)에 소환되었고, 그 직후 변사했는데 자살로 추정된다.

「헐 노트」가 노무라와 구루스 대사에게 건네지기 전날인 11월 25일, 루스벨트는 헨리 스팀슨 육군장관, 프랭크 녹스 해군장관, 마셜 참모총장, 스타크 군령부장을 소집하여, "미국에게 과도한 위험을 초래하지 않으면서

먼저 일본이 공격을 하게끔 유도한다."는 것에 합의했다. 전쟁은 통상 선제공격이 유리한데 국민이 전쟁을 반대하므로 불리한 것도 각오하고 일본이 첫 발을 발사하도록 술책을 준비한 상당히 모략적 결정이다. 루스벨트는 영국을 도와 참전하는 것을 서둘렀지만 그것이 곤란하니 일본을 도발하여 거기에 응하는 형태로 배후인 태평양에서 유럽 전쟁에 참전하는 방책을 취한 것이다.

헐은 외교 각서를 일본 측에 건네고 육군장관에게 "나머지는 당신과 녹스의 일이다."라고 말했다. 회상록에는 "그 후로는 시간을 벌기만 했다."고 적고 있다. 물론 이런 사실을 우리가 알게 된 것은 전쟁이 끝난 뒤였다.

도고는 헐 각서를 읽고 나에게 "정신 나간 생각이다."라며 암담하게 말했는데, 나 역시 굉장한 충격을 받았다. 「헐 노트」는 일본 군부지도층을 '이제 끝이다.'라는 심경으로 단번에 몰아갔다. 후에 도쿄재판에서 인도 판사인 라다비노도 팔은 "모나코 같은 작은 나라도 수락이 불가능했을 것이다."라고 말했고, 개전 후 구류 중이던 크레이기 영국 대사는 방문한 나에게 "언어도단의 각서다. 일본인의 심리를 이해하지 못한다 해도 어느 정도지."라고 한탄했다.

크레이기와 나는 영국 정부에게 "미일교섭에 적극적으로 관여하지 않으면 미국이 파국을 초래할 위험이 있다."라는 경고성 의견 전보를 합작하여 타전했지만, 런던으로부터는 "모든 것은 미국에게 맡기고 있으니 참견하지 말라."라는 질책을 받은 적이 있다. 크레이기는 아쉬워하며 "역시 영국이 교섭에 개입해야 했다."라고 말했다.

이리하여 사태를 우려한 천황은 11월 29일, 모든 중신들을 황거에 불러들였다. 나는 바쁜 중에도 짬을 내어 고노에, 오카다, 히로다, 미국 내의 각

중신들에게 연락을 하여 중신회담에서 개전 반대로 유도할 것을 요청했다. 중신은 각각 의견을 말했다. 하야시, 아베 두 대장 이외에는 모두 전쟁에 의문을 표명했지만, 명확하고 단호하게 전쟁 반대를 주장한 중신은 없었다. 물론 모든 중신들이 반대를 주장했어도 도조는 무시했을 것이다.

천황의 한마디에 최후를 맡긴 다카마쓰노미야 전하

다음날인 30일 아침, 다카마쓰노미야 전하(당시는 해군 중좌)는 천황을 만나서 전쟁을 회피하기 위해 친근하게 호소했다. 전하는 그 열흘 전 군령부에 막 배속되었지만, 해군 동향을 냉정히 관찰한 결과 전쟁 돌입에 큰 불안을 품고, 호시나(保科) 병비국장에게 물자 조달과 동원 실적에 대한 전비 상황 등의 솔직한 설명을 요구했다. 호시나는 이렇게 대답했다. "10년이나 중국과 싸우고 있는데다, 강력한 해양국가인 미국과 전쟁한다는 것은 도저히 생각할 수 없다. 병비국장으로서 정말로 곤란하다고 생각한다."라고 대답했다.

전하는 이것을 천황에게 전하고 "해군은 2년 이상 싸울 자신이 없는 것 같다. 곧 전쟁이 전개되면 전쟁은 멈출 수 없게 된다."라고 하며, 천황에게 선처를 요구했다. 천황은 "그런가."라고 말하고는 깊은 생각에 잠겼다. 평상시라면 천황은 황족의 정무 간섭을 싫어하겠지만, 이때는 바로 도조 수상을 불러 "해군 일부에서는 전쟁에 불안이 있는 듯한데, 내일 어전회의는 예정대로 열리는가?" 하고 물으셨다. 도조가 정보의 출처를 되물으니 다카마쓰노미야가 궁에 왔었다고 하셨다. 그러자 도조는 해군 책임자를 불러 물어보시도록 권하였다. 천황은 즉시 시마다 해군대신과 나가노 군령부 총장을 불러들여 승산에 관해 몇 번이고 확인했지만, 두 사람은 "충분히 승산이 있다."라고 대답했기에 다카마쓰노미야의 진언은 받아들여지지 않았다.

천황은 책임 있는 당국자가 정식으로 국책을 상주하면, 그걸 좋아하지 않아도 기꺼이 받아들이는 것이 입헌군주로서의 정도라고 하는 신조를 고지하고 있었다.

다카마쓰노미야는 1987년 2월 아쉽게도 서거했지만, 병세가 진행되어 쇠약해져 갈 때 피가 배어 나오는 기침을 참으며 "개전은 피할 수 있었다."라고 나에게 술회하셨다. 11월 말 야마모토 이소로쿠 연합함대 사령장관이 출격할 때, '이제 와서 전쟁을 피할 수 있는 방법은 천황의 한 말씀뿐.'이라고 시마다 해군 대신에게 적어 보냈듯이 전하는 천황의 한마디에 마지막 희망을 걸고, 입헌주의의 관행을 관철해도 국가가 파멸하면 의미가 없지 않느냐며 힘주어 말했다. 국가가 존망의 기로에 선 극한 상황에서는 폐하가 말씀하신 입헌적 행동에서 일탈하는 것도 어쩔 수 없는 것이 아니냐는 것이 전하의 진심이었다.

이리하여 12월 1일, 어전회의는 개전을 결정했다. 천황의 『독백록』에는 "반대했어도 소용없었기에 한마디도 하지 않았다."라고 적혀있는데, 자못 허망함을 통감하는 구절이다. 『독백록』에서는 '개전에 반대하면 쿠데타가 크게 일어나서 오히려 당치 않은 주전론이 지배적이었을 것이다.' 라고 끝맺지만 과연 쿠데타가 일어났을까 하는 의문은 남는다. 그 후 나는 군사행동을 시작하기 전에 교섭 중지를 미국 정부에 통고하기 위해, 기초한 각서를 영어로 번역했다. 통고가 개전 후에 이루어진 것은 주미대사관의 태만에 의한 것으로 정말로 유감이었다.

　미국 측은 다시 천황 앞으로 대통령 친전을 보내왔지만 – 육군 담당관이 10시간 이상이나 배달을 미뤘다 – 미국의 헐도 고백했듯이 "오로지 기록으로 남겨두기 위해서"였다. 도고가 이것을 천황에게 보고한 것은 12월 8일 오전 3시 무렵이다. 황거에서 외무대신 관저로 돌아와, 작은 응접실에서 외무대신과 내가 다음날 아침 미국 그루 대사에게 직접 건네줄 회답을 협의하고 있을 때 탁상전화가 울렸다. 오카 해군군무국장의 목소리였고 외무대신과 통화하고 싶다고 했다. 외무대신이 전화를 받더니 낮은 목소리가 갑자기 커졌다. "뭐라고? 진주만? 허어…… 주력함대를 해치웠다…… 아니, 그건 잘 되었군. 축하하네. 음, 음……그러면 나중에."

　도고는 수화기를 조용히 내려놓고 "이보게, 진주만을 기습하여 주력함대를 격침했다고 하네."라고 했다. 분명히 놀라고 있었다.

　얼마 전에 나는 개전조칙을 오바타 시게요시와 협력하여 영문으로 번역했다. 몇 번이나 고쳤으나 마지막으로 '나의 본의는 아니다.'라는 구절 하나를 추가해 수정했다. 천황의 지시였다.

제3장

외교의 프로와
민간인

하나이 히토시

1. 비전문가 실패의 예 — 개전 전야의 미일 교섭

나는 미일 교섭이 전쟁을 유발한 것이고, 준비가 부족한 상태로 교섭에
착수하지만 않았더라면 전쟁은 회피할 수 있었다고 믿는다.

『미일 전쟁은 회피할 수 있었다 – 역사의 증인으로서 진상을 말하다』

이번 장에서는 비전문가가 '준비 없이' 외교에 관여해 그 영향이 실패로
이어졌고 미일 간에 전쟁을 유발하는 계기가 되었다고 가세 대사가 단정
하는 당시 미일 교섭에, 외교 전문가가 아닌 민간인이 관여하여 외교 교섭
이 결렬되는 계기를 만든 놀라운 실패의 예를 들어, 거기에서 배울 수 있
는 외교 방식에 대해 이야기하고자 한다.

우선 여기서 이야기 하는 미일 교섭이란 '대동아 전쟁 발생 전 약 1년간,
미일 간의 무력 충돌을 피하기 위해 벌어진 양국 간의 외교 교섭'(『신판일
본외교사 사전』)을 의미한다.

1930년대의 미일 관계는 만주사변을 계기로 눈에 띄게 마찰이 일어났
고, 중일전쟁의 발발로 한층 험악해졌다. 일본군이 중국 대륙에서 전선을
확대하는 한편 미국 재외권익을 침해하고 경제활동을 제한해 미국 정부를
자극하므로 일본에 대한 항의는 빈번하게 이어졌다.

1939년 7월 26일 – 미국에 의한 미일통상항해조약 파기 통고

1940년 1월 26일 – 동 실효

　　7월 26일 – 항공기용 휘발유와 고정밀도 공작기계, 고철을 포함

한 대일수출 제한 조치.

9월 23일 - 일본군의 프랑스령 북부 인도차이나 진주

9월 27일 - 일 · 독 · 이 삼국 군사동맹 체결

이런 일련의 일본군 움직임은 미국 측의 장제스 정권에 대한 원조강화와 ABCD(AMERICA 미국, BRITAIN 영국, CHINA 중국, DUCH 네덜란드) 포위망 결성 착수, 또한 미국 태평양 함대의 배치 강화라고 하는 대응을 초래했다. 그리하여 이런 정세를 우려한 미일 쌍방에서 국교를 조정하여 파국을 회피하기 위한 움직임이 있게 된다.

11월 - 친미파인 노무라 기치사부로 해군대장을 주미대사에 기용

11월 말 - 가톨릭 월시 주교와 드라우트 신부 방일

1941년 1월 말 - 루스벨트 대통령과 헐 장관에게 「월시 각서」보냄

2월 말 - 일본 측 연락자인 이카와 다다오가 미국 워싱턴으로 감

3월 상중순 - 이카와 · 드라우트 · 월시가 미일국교조정안 작성

이런 상황은 대사관을 통하지 않고 이카와로부터 고노에 수상에게 연락이 갔다.

3월 17일 - 미일 국교 조정의 예비적 초안 「이카와 · 드라우트
안」작성

4월 초순 - 육군성 전 군사과장 이와쿠로 히데오 대좌가 합류

이후 대사관 측도 교섭내용에 관해 이와쿠로한테 보고를 받고 협의를

하게 되었다. 따라서 교섭의 성격도 공적인 성향을 보이기 시작한다. 이윽고 「이카와·드라우트 안」을 바탕으로 수정안이 만들어져 노무라·헐 회담에서 검토가 이루어진 뒤 그것을 기초로 한 이른바 「미일양해안」에 대해, 그것을 앞으로 정부 수준에서 '미일 교섭'을 추진하는 대화의 출발점으로 삼는 것으로 합의가 이루어졌다. 「미일양해안」의 도착으로 일본 정부 및 군의 고위층은 미일관계 조정의 앞길에서 희망의 빛을 발견한다.

> 4월 13일 – 일소중립조약 조인 (마쓰오카 외무대신 유럽방문 중)
> 4월 16일 – 「미일양해안」완성 (마쓰오카 외무대신 귀국 도중)
> 4월 18일 – 대본영 정부연락회의 '대체로 수락해야 한다는 의견
>   으로 기울어짐.'

그러나 마쓰오카 외무대신은 '미일교섭'의 추진 방향에 관하여 독자적인 구상을 하고 있었다. 자신이 관여하지 않은 사이 성립된 「미일양해안」에 대해서는 본인의 교섭 구상에서 벗어난 것이므로 회의적이었는데, 귀국한 뒤 그는 '양해안'에 냉담한 태도를 보이고 미국 측에 회답을 늦춘 채, 병이 악화되어 요양한다는 이유로 사저에 칩거했다.

5월 12일 – 마쓰오카 제안

간신히 마쓰오카 제안이 나오는데 이것은 기본적인 몇 가지 점에서 '양해안'에 변경을 가한 것으로 오히려 새로운 제안이라 할 수 있는 성격을 가지며, '힘의 입장'에 서는 대미 교섭이라는 마쓰오카의 독자적 외교관을

반영한 것이었다. 마쓰오카 외무대신이 제시한 대응으로, 교섭 진전에 대한 희망은 미국 측에서 점차 옅어져갔다.

> 6월 21일 – 미국 회답 (마쓰오카 외무대신을 기피하는 의향을 포함)
>
> 6월 22일 – 독소 전쟁 발발

이것을 받고 마쓰오카 외무대신은, 이 문서는 일본을 '약소국 취급'하는 언어도단이라고 격노하며 교섭 중단을 주장하지만, 결국 고노에 내각은 외무대신 경질을 도모하기 위해 총사직했다.

> 7월 17일 – 제3차 고노에 내각 발족, 도요타 데이지로 해군대장
>
> 을 외무대신으로 기용
>
> 7월 25일 – 재미 일본 자산의 동결령 시행
>
> 7월 28일 – 일본은 프랑스령 남부 인도차이나 진주 실행을 단행
>
> 8월 1일 – 대일 석유 전면 수출금지의 강경 조치

석유의 '상황 악화'에 대한 조바심으로, 일본 군부 내에는 대미 개전론이 급속하게 힘을 얻어간다. 이런 정세 속에서 대미전쟁을 강하게 회피하려는 고노에 수상에 의해 제시된 것이, 양국의 최고 지도자가 직접 회담해서 위기 타개의 양해에 도달하자는 구상이었다.

> 8월 27일 – 정상회담을 제안하는 '고노에 메시지'를 발신
>
> 9월 3일 – 연락 회의

9월 6일 – 어전 회의에서 '제국 국책 수행 요령'이 승인

이 '제국 국책 요령'은 전쟁 준비를 급속하게 추진하는 한편, 더불어 외교 노력에도 최선을 다한다는 것이었다. 교섭의 방침은 몇 가지 점에서 종래보다 유연함을 나타내고 있지만, 미국 측은 정상회담에 대해서는 헐 국무장관을 비롯해 국무성 내에서 반대의 목소리가 높았다.

10월 2일 – 헐 각서 (정상회담에 대한 부정적 견해)

이 미국 정부의 회답을 받고, 육군 측은 대미 개전 결정의 시기가 도래한 것으로 보아 어전 회의에서 결정 실행을 정부에 강요하지만, 고노에 수상은 의연하게 교섭 계속의 필요성을 주장하였고, 각내 의견불일치를 이유로 내각은 총사직했다.

10월 18일 – 도조 히데키 내각 발족

새 내각은 9월 6일 어전 회의 결정에 얽매이지 않는다는 '백지 환원'의 입장을 취했고 대미 정책에 대해 다시 재검토를 추가하지만, 이미 전쟁을 향해 준비된 톱니바퀴는 회전을 시작했으므로 전쟁 결의냐 교섭 계속이냐하는 기로에 서서 많은 시간을 허비하는 것은 허용되지 않았다.

11월 5일 – 새로운 '제국 국책 수행 요령'이 어전 회의에서 결정

이렇게 하여 '다시 한 번 대미교섭을 추진하는 한편, 교섭이 11월 말까지 성공하지 못하면 무력 행동으로 넘어가는데 그 시기는 12월 초로 한다.'는 최종 방침 확정. 이 마지막 대미 교섭을 추진하는데 일본 측 안으로서 갑, 을 양안이 동시에 정해졌다. 이 마지막 대미 교섭에는 노무라 대사를 보좌할 노련한 직업외교관으로 구루스 사부로 대사가 워싱턴에 파견되었다. 일본 측이 '을 안'을 제시하니, 미국 정부 내부에서는 '잠정 협정' 체결로 기우는 의견도 유력했지만, 결국은 대일 타협에 대한 중국 정부의 강경한 반대론도 있어서 '을 안' 거부 방침을 취하게 된다.

> 11월 26일 – 대일 회답 「헐 노트」제시
> 12월　1일 – 어전 회의에서 미, 영, 네덜란드에 대한 무력 발동
> 　　　　　에 관하여 최종적 결단
> 12월　8일 – 진주만 공격

이렇게 하여 전쟁 발발까지 약 1년간, 특히 미일양해안에서 진주만 공격까지 '세계사에도 드문' 오랜 기간에 걸친 미일 교섭은, 미일 개전이라는 최악의 결과가 되어 막을 내리게 되었다.

이렇게 대략적으로 보니 미일교섭에서 비전문가가 수행한 역할이란 것은, 이를테면 수상의 명령을 받은 한 학자가 오로지 혼자서 양국 정부 사이에 서서 약 2년간이라는 오랜 기간에 걸쳐 비밀 교섭을 계속했던 '오키나와 반환 교섭'과 비교하면 그 시간적·노력적인 부담이 너무나 작다는 것을 알 수 있다.

즉, 실질적으로는 1940년 11월 말에 미국으로부터 신부 두 명이 일본을

방문했고, 그 사람들을 접대한 일본 측 관계자인 민간인 이카와 씨가 미국으로 건너갔으며, 3월에 「미일양해안」의 예비적 초안을 정리한 약 3개월간만의 일이었고, 이와쿠로 대좌가 4월에 미국으로 건너가 양해안 작성에 참가한 이후에는 거의 공식 채널(경로)로 일원화 되었다고 할 수 있다(4월 이후에는 대사관을 경유해서 정보가 전달되었던 것에서도 그것을 알 수 있다). 그렇다고 해도 그 단기간에 비전문가가 관여를 하여 본 장의 제목에서 '비전문가 외교 실패의 예'라고까지 이야기하는 것은, 역시 이것이 초래한 '개전'이라는 결과의 중대함 때문이다.

가세 대사는 직접 그 소용돌이 안에 있던 경험을 떠올리며, 미일 교섭의 '착수' 그 자체가 전쟁을 초래한 것이라며 다음과 같이 회고한다. 그야말로 비극적인 교섭이었다.

> 일·독·이 삼국동맹, 일소중립조약과 중대 외교 안건을 정리한 마쓰오카는 진작부터 자신의 구상과 중일전쟁 종결, 미일전쟁 회피를 달성하기 위하여 충칭(重慶)과 워싱턴으로 날아갈 생각이었다. 그러나 마쓰오카가 자리를 비운 사이 그가 모르는 장소에서 이미 미일 교섭이 시작되고 있었다. 마쓰오카가 시도한 스타인·루스벨트 노선이 성공했는지 아닌지는 별개로 쳐도, 시게미쓰 마모루도 지적하듯이 미일교섭은 '그 개시된 경위에 비판의 중점'을 두어야 한다.
>
> 시게미쓰는 '저주받은 교섭'이라고까지 말하지만, 준비 없이 이와 같은 변칙적 교섭에 착수하지만 않았더라면 아마도 진주만의 비극은 회피 할 수 있었을 것이다.
>
> (가세 도시카즈 지음. 『일본외교사23 미일교섭』)

교섭의 착수 그 자체가 교섭을 실패로 이끈 것일까? 그것은 어떤 상황 하에서 발생한 것일까?

1940년 11월말, 그 예측불허의 진행 상황과 비극적 결말 때문에 시게미 쓰 마모루로 하여금 '저주받은 교섭'이라는 말까지 하게 한, 비극의 미일교 섭 계기가 된 대일 보고를 뒤로 미루게 된다. 그리고 미국 가톨릭교회(메리 놀 회)의 제임스 E 월시(James E Walsh)와 제임스 드라우트(James Drought) 두 신부가 일본을 방문했다. 그들의 배후에는 루스벨트의 선거 참모이며 대 통령과 매우 친한 워커 우정장관이 있기는 했지만, 공식적으로는 권한을 일체 부여받지 않은 순수한 민간인이었다. 또한 일본에서 두 사람을 접대 하고, 후에 도미하여 드라우트 사제와 함께 「미일양해안」을 작성하게 되 는 이카와 다다오 역시 전 대장성 재무관에다 뉴욕 일본영사관 근무 경험 도 있는 전직 관료라고는 해도 당시의 지위는 산업조합신용금고 이사라는 일개 민간인이었다. 이 일본 방문을 계기로 미일 간에 한 가닥의 민간외교 채널이 연결되었다.

가세 대사는 그 저서에서 "그는 허가 없이 수상의 개인적 대표라고 자칭 한 인물이었고, 대장성 관료들로부터도 전혀 신임을 받지 못했다."라고 이 카와 씨를 평하고 있다. 또한 미국 측에 대해서도 "노무라는 2월 중순 워 싱턴에 부임했는데 워커 장관의 조처로 이카와가 노무라를 헐 국무장관의 호텔방으로 안내했다. 남의 눈을 피하기 위해 뒤쪽 계단을 이용했다. 대사 관 직원에게도 알리지 않았다. 이것이 대사와 장관의 첫 대면이다. 특명 전권 대사가 국무장관을 처음 방문하는데 이런 변칙적 행동을 취하는 것 은 국제관례에 반한다. 드라우트는 외무 관료의 관여를 최대한 배제할 방 침이었던 것이다."라고 술회했다.

(『미일전쟁은 회피할 수 있었다 – 역사의 증인으로서 진상을 말하다』)

국제관례에 어긋나는 이런 행동을 할 수 있었던 것은 노무라 대사 자신이 직업 외교관 출신이 아닌 해군 출신이었기 때문이라고 볼 수 있다. 이렇게 생각해 보니 분명히 비전문가에 의한 교섭 착수가 문제였다고 할 수 있다. 노무라 대사에 대한 가세 대사의 평은 「미일양해안」에 관한 다음과 같은 감상에도 나타난다.

> 외무대신이 유럽방문 중일 때 외무대신의 허락 없이 워싱턴의 노무라 대사가 'N공작'을 추진했다. 미국 정부의 공식 제안이라는 명목을 내세워 「미일양해안」이라 칭하는 문서를 도쿄에 타전해서 즉시 수락하라고 요청했다. 괴이하게도 이것은 미국 정부의 제안이 아니라, 대사와 무책임한 인물이 날조한 개인적 안에 지나지 않았다. 이 사실은 전후 미국 측의 공표에 의해 처음으로 밝혀졌다. 그것도 모르고 고노에 수상과 군부는 솔깃해서 미일교섭을 추진했고, 이에 의구심을 품은 마쓰오카 외무대신을 추방했다.
>
> 『가세 도시카즈 회상록 (상)』

또 그 '양해안'을 받아든 일본 측의 뛸 듯이 기뻐하는 모습과 그 평가가 다음과 같이 이어진다.

> 이 양해안을 받아든 일본 정부의 놀라움과 기쁨은 상상할 수 없을 정도였다.(중략) 그러나 이것은 허위였다. 제2차 세계대전 후에 이와쿠로 대좌는 수기를 발표하고, 양해안은 노무라와 드라우트, 이카와가 '날조한'

문서였고, 미국 정부안이 아닌데도 그렇게 보고하면 정부와 군부가 좋아
서 달려들 것이 틀림없다고 생각했다고 고백했다. 모략을 좋아하는 이카
와답지만 여기에 넘어간 노무라의 책임은 중대하다.

『미일전쟁은 회피할 수 있었다 - 역사의 증인으로서 진상을 말하다』

확실히 모략적인 「미일양해안」의 작성을 계기로 미일교섭은 그 후 예
측 불가능의 정도를 심화시켜 나가게 되지만, 문제의 본질은 그 안이 비전
문가에게 전해진 것이 아니라, 비전문가가 가지고 온 정보가 마치 전문 외
교관을 경유한 정부 견해인 것처럼 양국 정부 사이에 거론되고, 그 오해가
수정되지 않은 채 미일 교섭이 진전되어 갔다는 그 점이 아닐까 한다.

왜냐하면 사실 이카와 씨가 스스로 고노에 수상의 개인 대리인 같은 처
신을 해서 종종 오해의 원인이 되었다고는 해도 결과적으로 그들의 행동
을 뒷받침해준 것은 이른바 공식 채널이었다. 앞에서 말했듯이 순수한 민
간외교 채널로 기능한 것은 얼마 안 되는 기간이었으며 실질적인 '양해안'
작성에는 이와쿠로 대좌가 참여했고, 그 이후에는 대사관을 경유하여 노
무라 대사로부터 일본 정부로 정보가 전달된 것에서도 명백하다.

속된 말로 '첫 단추 잘못 끼우기'는 외교 교섭에 중대한 결과를 초래한
다는 것은 명백하지만 '잘못 끼우기'는 가치관이 다른 국가 간의 외교 교
섭에서 쉽게 발생할 수 있는 일이며, 그것을 결정적 파국으로 이르기 전에
수정하는 것, 즉 위기관리가 외교의 중요한 역할일 것이다. 그 위기관리 기
능이 미일교섭에서는 정상 작동을 하지 않았던 것이 가장 큰 문제였다.

즉, 만일 「이카와·드라우트 안」이 아니어도 그것은 「노무라·헐 안」으로
공식 채널을 통해 일본 정부에 유사한 반응을 일으켰을 것으로 추정된다.

또, 그것을 받은 마쓰오카 외무대신의 반응도 마찬가지였을 것이다. 외무대신이 모르는 사이에 노무라 대사가 멋대로 개인적 안을 정리했다는 것은……. 그러면 왜 오해가 풀리지 않고 개전까지 이르게 되었는가.

그 이유의 하나는 미일 양국의 '상호 인식의 차이'와 그것을 수정해야만 하는 '의사소통' 자체가 어긋나 있다고 생각하지만 그것에 대해서는 다음에 이야기하려고 한다.

여기서는 미일 양국에서 의사 결정 과정의 중추를 차지하는 두 인물의 '독선'이라고도 할 수 있는 강한 개성의 존재에 대해서 언급하고자 한다. 이 두 사람, 마쓰오카 외무대신과 헐 국무장관 사이의 불신감이 그대로 미일 간 상호 불신의 일부를 차지했다고 하여도 과언이 아니었다.

가세 대사가 논문에서 언급한 표현이지만 "마쓰오카는 자신이 본격적으로 나서기 전까지 노무라가 미일 긴장 완화 분위기에 다소나마 도움이 되었으면 하는 정도로밖에 생각하지 않았다. 따라서 노무라가 기대한 사무적 훈령은 제공할 필요를 느끼지 못했다. 이 점이 노무라는 불만이었던 것 같지만, 두 사람의 기본적인 사고방식이 전혀 달랐기 때문에 의사소통은 매우 어려웠다고 본다."고 했다.

여기에 뜻밖에도 노무라 대사라고 하는 비전문가 기용으로 인한 현지 독주와 마쓰오카 외무대신의 분노, 그리고 「미일양해안」의 예측 불가능함이라는 원인이 있었다. 다시 말해 미국과의 관계 계선을 기대하여 친미파 대사를 임명했음에도 불구하고 정작 외무대신으로부터는 기대했던 사무적 훈령도 없었다. 노무라로서는 내심 그 불만을 독자적으로 미국 측과 교섭을 정리하는 것으로 해소하려 했던 것은 아닐까? 그러나 그 '독주'가 마쓰오카의 분노를 사게 되었고 사태는 혼란을 일으키게 되었다.

당시 마쓰오카는 일소중립조약을 정리했으며, 동시에 독자적으로 미국과의 교섭 루트를 구축하고 의기양양하게 귀국길에 올랐다. 그러나 가세 대사의 말에 의하면 "마쓰오카는 4월 22일 귀국한 후 처음으로 미국 제안이 그의 루스벨트에 대한 획책에서 나온 것이 아니라 노무라의 책동 결과라는 것을 알고 깊은 환멸을 느꼈다. 마쓰오카 측에서 본다면 노무라는 월권을 했고, 수상과 군부의 배신행위였다."고 한다.

귀국한 마쓰오카가 자신을 본국으로 복귀시킨 미국에서의 연락이 노무라 대사의 독단 행위라는 것을 알게 된 후 화를 내는 것도 무리는 아니었지만, 그렇다 하더라도 요양을 이유로 사저에 칩거하는 것은 어른의 태도라고는 할 수 없다. 마쓰오카 나름의 생각이 있어서였을 수도 있지만, 그것이 비극적 미일교섭의 시작이 되었다.

또한, 마쓰오카의 나쁜 건강 상태가 그의 언동과 행동을 과민하게 했고, 관계자의 반대를 무릅쓰고까지 그를 외무대신에 앉힌 고노에 수상 스스로가 내각 총사퇴라는 형태로 마쓰오카에게 최종 통고를 하게 되었다. 마쓰오카는 내각에서 떠났지만 「미일양해안」을 둘러싼 예측불허의 진행 상항은 그 후에도 미일 교섭의 결렬까지 여파가 이어지게 되었다.

참고로 미일의 외교태도는 양국의 국민성이 많은 부분을 차지한다. 제2차 세계대전 후 일본만 비판을 당하지만 미국 측도 문제가 있다.

미국의 독선적 태도도 비판을 피할 수 없는 것은 예나 지금이나 마찬가지인 것 같다. 미일교섭이 파국에 이른 요인은 바로 이런 미국의 비타협적 태도에 있었다. 미국 국민은 대개는 선의에 차있지만, 건국 이래의 전통도 있어서 개혁자적인 정열을 가지고 있다. 따라서 때로는 그들이 견지하는 신조만이 선이고, 이것과 합치하지 않는 타인의 행동은 모두 악이라고 단정하는 경향이 있다. 이것은 현재도 자주 볼 수 있는 습성인데, 미일교섭에서 헐의 자세는 그 대표적인 예이다.

『일본외교사23 미일교섭』

제2차 세계대전 후 알려져 있는 바와 같이, 미국 측 최후통첩으로서의 가치 평가에서 헐 장관은 반드시 헐 노트를 공식적으로 제시한 것은 아니었던 것 같지만, 그 성립 과정과 상황만을 보면 실질적으로는 일본의 갑안·을 안은 최후통첩 성격의 것이었고, 헐 노트 또한 헐 자신이 일본의 수락 가능성은 거의 없을 것이라 생각하고 제시한 것에서 보아도, 역시 실질적으로는 최후통첩에 가까운 것이었다. 상호 인식, 의사소통의 엇갈림에다가 양국 외교 책임자의 '독선'. 이런 것들이 맞물려 미일교섭은 비극적인 결말을 향해 내리막길로 줄달음친 것 같은 생각이 든다.

전항까지의 논고를 통해 미일 양국 사이에 존재하는 상호 인식과 의사소통의 엇갈림, 두 외교책임자의 독선, 그런 것들이 복잡하게 얽혀서 미일교섭을 실패로 이끌었지, 단순하게 노무라 대사 등 비전문가의 '독주'만이 직접적인 미일 교섭 실패의 원인은 아니라고 볼 수 있다.

다시 말해, 국가 간 상호 인식의 차이를 보정할 공식 외교 채널의 책임자인 전문 외교관은 당시 무엇을 했단 말인가?

한 가지 의문이 있다. 가세 대사가 수행해서 마쓰오카 외무대신이 자리를 비웠을 때 미국에서 갑자기 보내온 「미일양해안」. 그것이 일본에 타전되었을 때, 마쓰오카 외무대신은 엎어지면 코 닿을 곳인 만주까지 이미 와 있었다. 그런데도 그 말을 들은 오하시 주이치 차관, 데라사키 다로 국장은 왜 먼저 마쓰오카에게 연락을 하지 않고, 국무회의 중인 고노에 수상을 찾아가 미국에서 중대한 제안이 왔다고 곧바로 전달했을까? 마쓰오카의 구상을 알지 못했기 때문일까? 분명히 마쓰오카의 구상은 외무성 내에서 널리 상의할 만한 것은 아니었겠지만, 전보를 제대로 읽지도 않고 국무회의 중인 고노에 수상에게 알리다니, 경솔하지 않았을까? 적어도 마쓰오카에게 먼저 연락을 해야 되지 않았을까? 귀국 전에 미리 마쓰오카가 알았다면 사태는 달라졌을 것이다.

미일교섭의 실패라고 하는 문제는 우리에게 비전문가의 '부주의함'에 주의를 환기하는 동시에 공식 외교 채널에 때로 발생하는 전문가의 '기능부전'도 엿보게 한다.

2. 전문가 실패의 예 — 개전 전야의 미일교섭

1941년 12월 7일 오전 9시. 워싱턴 주미대사관. 해군 무관 보좌관 사네마쓰 유즈루는 대사관의 우편함에 신문과 함께 넘칠 듯 쌓여있는 배달 전보 다발을 보고, 순간적으로 '이건 전쟁 같은 건 하지 않는다던 일본대사관의 기만일지도 모른다.'라고 생각했다고 한다. 그러나 전보를 관내에 가지고 들어와 심상치 않은 내용이 있는 것을 알고, 얼굴이 굳어졌다고 한다. 우선 대사관 직원들에게 연락해서, 바로 직원들이 모여 전문을 해독하고 타자를 시작했지만 기밀 유지를 위해 미국인 타이피스트를 쓰지 않았다. 그래서 익숙하지 않은 서기관이 타자 실수를 연발해가며 작업을 계속하다 보니, 개전 통고 서류를 노무라, 구루스 두 대사가 미 국무장관 헐에게 건

네주었을 때는 이미 진주만 공격은 끝나있었다. (하나이 히토시 지음 『국제외교의 단계』)

이것이 훗날 속이고 불시에 공격했다며 미국으로부터 계속 지탄받게 되는, 개전 통고가 늦어진 원인이었다. 이 전날은 유명한 드라마 『마리코』의 실제 아버지인 데라사키 히데나리 서기관의 송별회가 열려서 대사관에는 당직자조차도 없었다고 한다.

비전문가에 의한 「미일양해안」이 전쟁을 초래한 실책의 하나라고 한다면, 늦은 개전 통고로 인해 '속이고 불시에 공격했다.'라는 굴욕적인 오명을 일본이 뒤집어쓰게 되는 커다란 실책을 범한 자들은 재미 대사관이라는 전문가 집단이었다.

사실은 '매직'이라고 하는 암호 해독 장치를 이용해 일본의 암호 전문을 미국 측이 모두 해독하고 있었다는 것은 제2차 세계대전 후 판명된 사실이고, 또한 가세 대사의 인터뷰에도 그런 구절이 있는데, 암호 해독을 한 어떤 미국인이 정보를 팔려고 왔지만 일본 전신의 안전 신화를 믿고 내쫓았던 일도 있었다고 한다.

따라서 진주만 공격을 사실 미국 측은 전부 알고 있었고, 일부러 공격을 유도하려 했다는 루스벨트의 음모설이 회자되고 있는 것도 이런 사실에 근거하고 있다. 또한 21세기가 된 현재에도, 2001년의 동시 다발 테러, 이른바 9·11 사건도 미국 정부는 사전에 테러를 알고 있었으나 사실은 전쟁의 대의명분을 얻기 위해서 대책을 일부러 취하지 않았다는 음모설까지 나오고 있다. 자유롭고 평온해야할 미국의 어두운 면을 보는 마음이 결코 기분 좋은 일은 아니지만 모든 게 잘 짜인 각본이라고 보기에는 증거가 부족하다.

예를 들어, 마찬가지로 헐 노트 작성에 관여한 재무성의 특별 보좌관 해리 덱스터 화이트와 소련의 대미 공작에 관한 문제를 전직 KGB 첩보원의 증언을 바탕으로 재구성한『헐 노트를 작성한 남자- 미일 개전 외교와 '눈(雪)' 작전』의 저자인 스도 신지도 그 후기에서 언급했듯이 '매직' 정보로 일본의 회신을 본 루스벨트는 "이건 전쟁을 하겠다는 얘기다."라고 측근에게 말했다는 점에서 일본의 진의는 전해진 것으로 보인다. 그러나 그날 안으로 진주만이 공격당할 것이라고까지는 예상했는지, 하물며 해군 출신인 그가 미국 태평양 함대를 괴멸시킬 계획을 실행했는지는 의심이 남는다.

> 음모라고 하는 점에서는, 헐 노트는 KGB가 작성하게 했다는 설도 있다. 이 설도 확실히 KGB의 에이전트가, 헐 노트의 초안이 된 모겐소 재무장관이 제출한 메모의 작성자 H. D. 화이트에게 접속을 시도한 것은 사실이다. 그러나 결과적으로 강경하기 짝이 없는 헐 노트의 최종판은 그 의도와는 동떨어진 것이었다. 다시 말해서 소련은 절대로 미일전쟁을 바라는 것이 아니라 독일과 소련의 전쟁에 대비하여 오로지 만주에 있는 일본군의 철수만 바랐다고 한다. 그리고 일본군이 만주와 중국으로부터 철군하는 그 '보상 차원'으로 일본에게 경제적 이익을 주려고 했던 것이 그의 제안이었고, 그 속에는 일본의 군비를 미국이 사들인다는 기발한 제안까지 포함되어 있다.
>
> 『헐 노트를 작성한 남자 - 미일 개전 외교와 '눈(雪)' 작전』

그렇지만 미국이 개전의 계기를 갖고 있었던 것은 사실이었고, 일본은 감쪽같이 거기에 빠져버린 것일지도 모른다. 또한 만약 루스벨트가 음모를 꾸몄다고 해도 결과적으로 통고가 늦었다는 사실을 뒤집을 수는 없었고, 그 후 일본은 '속이고 불시에 공격했다.'는 굴욕을 당할 수밖에 없었다.

「미일양해안」을 둘러싼 일련의 일들은 비전문가를 통해 들어온 정보가 수정 없이 양 정부 간에 공식 정보로 취급되었고, 그 오해를 풀어야 할 위기관리 기능으로서의 전문가 외교가 공식 채널에서도 적절하게 기능하지 못했기 때문에 비극의 원인이 되었다.

한편 적절한 정보를 주고받아야만 하는 전문 외교관 간의 연락이 개전 통고의 지각이라는 통한의 사태를 초래했다.

이러한 것에서 엿볼 수 있는 것은 비전문가인가 전문가인가 하는 문제보다도 의사소통이나 상호 인식의 차이에서 기인하는 것이 아니냐는 것이다.

미일교섭의 단서에 대해 준비 안 된 비전문가의 관여가 교섭을 비극적인 결말로 이끌었다고 단정하는 것도 그 의사 결정 과정에는 큰 문제가 있었다고 본다.

고노에, 노무라의 책임을 묻기보다도 오히려 일본 정세에 화근이 있었다고 할 것이다. 국가 의사가 분열되어 있었기 때문에 일관된 합리적 국책은 도저히 수립할 수 없었다. 이것은 만주사변 이래 군부의 폭주와 깊은 관계가 있지만, 군부의 독재적 횡행을 허용한 정치적 체질에 치명적 결함이 있었다는 것은 부정할 수 없다. 미일교섭이 진전되는 과정에서도 이 결함은 크게 드러난다.

『일본외교사23 미일교섭』

마찬가지로, 앞에 이야기했던 스도 신지도 다음과 같이 지적하고 있다

> 미일교섭이 파탄 난 원인은 미일 쌍방의 외교노선의 차이와 서로 타협
> 점을 찾아 내지 못했음에 있었던 것은 말할 것도 없다. 그러나 미일전쟁
> 이라고 하는 파국적인 충돌을 피하려는 교섭의 흐름 속에서 양국이 이
> 해 상충을 어떻게 파악하고 있었는지 하는 문제가 의외로 큰 파국의 원
> 인이 되었다는 것도 지적해 두어야 한다.
>
> 『헐 노트를 작성한 남자 – 미일 개전 외교와 '눈(雪)' 작전』

이 책의 분류를 빌려 정리한다면 대동아 전쟁의 원인은 ①중국 철군 문
제 ②일·독·이 삼국동맹 문제 ③남진 정책(프랑스령 인도차이나 진주)의 세
가지로 집약할 수 있다. 요컨대 개전을 불가피하게 한 것은 미일교섭의
실패였고, 그것을 초래한 의사소통 및 상호 인식의 차이에 있다고 할 수
있다.

무샤코지 긴히데(武者小路公秀)는 "일본 측이 고노에·루스벨트 회담을 사
무적 회합으로 하지 않고 두 정상의 직접 교섭을 통해 문제를 대국적으로
처리하겠다는 취지를 강조한 반면, 미국 측은 두 정상이 회합을 하기 전에
일반적 중요 문제에 대해 미리 합의에 도달할 필요가 있다고 주장해 양측
의 견해가 크게 엇갈린 것은 양측의 교섭 스타일에 기인한다. 즉 일본 측
의 '협의' 스타일과 미국 측의 '선별' 스타일의 차이이다."라고 언급했다.

즉 '협의'=조정형, '선별'=선택형이라고 바꿔 말하면, 바로 미일교섭에
서 일본 측의 의사결정 과정은 국가 의사의 분열과 그 정서적 조종으로 일
관하고 있어 결과적으로 미국의 불신을 불러일으킨 반면, 미국의 의사결

정 과정은 어디까지나 그들의 세계관과 윤리관에 근거한 것이기는 하지만 합리적 사고가 바탕이 된 전략과 선택의 연속이어서, 서로가 무엇을 가장 바이탈(중요)한 문제로 인식하고 있는지를 파악하고 그 타협점을 찾는 것이 외교의 본질을 말하기 이전의 문제이므로, 바로 '문제 인식 그 자체'가 엇갈려 '오해'라기보다도 오히려 '착각'에 가까운 것이 있었다고 이해해야 할 것이다.

미일 개전에 이르는 일본 측의 의사결정 과정을 분석한 모리야마 아쓰시(森山優)는 일본 측의 의사결정 스타일을 다음과 같이 표현하고 있다.

> 정치적 통합력 결여에 의한 혼란은 외교 정책 결정의 장에서도 현저했다.(중략) 주로 육군성, 해군성, 외무성 3성과 육해 통솔부, 그리고 드물게 고노에 수상이 참여했다. 이들 세력의 의견 대립을 조정하는 장이 (대본영 정부) 연락 간담회였다. 이 회의는 어전 회의와 마찬가지로 법제상의 근거를 가지고 있지 않았다. 그러나 여기에 열거된 초헌법적 존재도 각 정치 세력의 부분적 이해관계가 대립할 때는 조정이 불가능했다.
>
> — 모리야마 아쓰시 - 『미일 개전의 정치 과정』

그리고 그 조정 불가능한 현안 자체가 국가 의사를 표명해야 할 '국책' 책정인데, 문안에는 '양론 병기'나 '비 결정'이라는 방식으로 형식상의 일치를 표현하는데 그쳐, 결국 국책 문안은 정치적으로 두 개를 합쳐 조정하여 표현했지만 그 의미는 책정의 정치 과정을 검토하는 작업 없이는 이해할 수 없었다고 한다. 이 '양론 병기', '비 결정'은 바로 '선별'=선택형인 미국 스타일의 의사결정과는 정반대에 위치했고, 이 둘의 근본적인 의사결정 방식의 차이가 미일 교섭의 단서가 된 비전문가의 미비한「미일양해안」
과 맞물려 결국에는 비극적인 결말로 양국을 몰아넣은 원인이 되었다고
해도 과언이 아니다.

이렇게 생각해 보니, 공식 외교 채널이 정상적으로 위기관리 기능을 완
수했다고 해도 그것은 의사 결정기관은 아니고, 서로의 중요한 국익을 찾
아 타협점으로 이끌기 위한 정보 수집 기능 및 정책 제언 기능이라고 한다
면, 최종적인 의사결정 기구가 이런 '협의' 형태인 한, 미일교섭의 실패는
우연한 비극이 아니라 필연적인 것이라고 할 수 있을지도 모른다. 그것이
바로 가세 씨가 말하는 다음 표현일 것이라고 생각한다.

나는 미일 교섭이 전쟁을 유발한 것이고, 준비가 부족한 상태로 교섭에
착수하지만 않았더라면 전쟁은 회피할 수 있었다고 믿는다.

『미일전쟁은 회피할 수 있었다 - 역사의 증인으로서 진상을 말하다』

미일 교섭의 실패는 역사의 필연이었을는지도 모른다. 그러나 공식 외
교 채널이 정상으로 기능했다면 피할 수 있었을지도 모르는 가능성을, 역
사는 또 우리에게 이야기한다.

즉, 하나는「미일양해안」을 오해 없이 일본 정부가 받아들였다면, 그것
을 기초로 하여 정말로 유익한 미일교섭안이 책정되었을지도 모른다는
것. 특히 '중국 문제'가 '만주' 문제였고, 그것은 러시아에 대한 전략에 기
초를 둔 일본 안전보장의 근간에 관계되는 문제이며, 결코 단순한 영토적
야심에 기인하는 것이 아니라는 것을 미국 측이 제대로 인식하고 있었더
라면, 또한 일본 측도 미국의 중국 문제에 관한 일본 비판의 자세가 침략

자에 대한 '도의적'인 관점에서의 원칙론이었고 일본의 사정을 제대로 이해하지 못하고 있는 것, 그것이 미국 외교 정책의 역사적 성향임을 파악했다면 스스로 타협점을 찾아낼 가능성도 있었던 것을 후세 사람들이 뒤늦게 깨닫긴 했지만 매우 유감스러운 일이었다.

영국 외교는 현실적이고 타협이 장점이지만, 미국 외교는 법리적이고 이념에 집착한다. 영국은 탄력성을 발휘하지만, 미국은 경직된 자세를 취한다.

『미일전쟁은 회피할 수 있었다 - 역사의 증인으로서 진상을 말하다』

미일교섭의 과정에서 일본의 당국자가 품고 있던 대미 불신감은, '왜 미국은 일본의 입장을 이해하지 못 하는가?'라는 의문밖에 없었다.

『헐 노트를 작성한 남자 - 미일 개전 외교와 '눈(雪)' 작전』

이 사고방식의 차이를 메우는 것 또한 위기관리 기능으로서의 외교의 역할인데, 불행하게도 상호 인식의 차이를 메워야 하는 의사소통에도 또한 큰 차이가 생긴 것이다. 이런 차이가 미일교섭을 필연적인 실패로 이끌었다고 할 수 있다.

거기에다가 미-일 쌍방 간뿐만 아니라 일-일간 (예: 본청과 현장)이나 미-미간(예: 국무성과 주일 대사)의 의사소통 차이가, 당연히 보정해야할 미일 간 상호 인식의 차이를 메우는 것은 고사하고 오히려 증폭시켰다고 볼 수 있다.

미일 전쟁 회피를 위한 하나의 가능성은, 최종적으로 헐 국무성장관에 의해 부정된 고노에-루스벨트 정상회담의 실현이었지만, 국무성의 스탠리 혼백 정치고문 등 대일 강경파의 반대가 존재하고, 일본이 남진정책(프랑스령 인도차이나 진주)을 실행하여 미국이 대일 석유수출 전면 금지라는 비장의 수단을 쓴 후여서, 루스벨트의 생각도 과연 현실성이 있었는지는 의문이다.

그리고 마지막 가능성은, 헐 노트 제시에 즈음해 그 의미하는 내용에 대한 정확한 이해가 있었다면, 어쩌면 미일교섭은 계속되었을지도 모른다는 점이다. 즉, 미국측이 말하는'CHINA'에 '만주'가 포함되었는지 아닌지 하는 점이다. 가령 만주를 제외하고 중국에서의 철군과 충칭(국민당) 정부만을 승인한다면 수락 불가능한 수준은 아니었던 것 아니냐는 점이다.

이 점에 대해서, 앞에서 이야기한 스도 신지는 "일본이 헐 노트를 절대로 받아들이지 못할 거라고 느낀 이유는, 만주를 포함한 전 중국 대륙에서의 철군을 요구했으며, 실질적인 만주국의 포기를 요구하고 있다고 해석했기 때문이다. 이를 보면서 역시 화평파인 도고 외무대신도 교섭 결렬은 불가피하다고 생각했다. 그렇지만 여기에 중대한 착각이 있었다." "미국 측의 연구자가 최근, 헐 노트의 중국에는 만주는 포함되지 않았다는 설이 나왔다, 이것은 비극적인 오해였다."라고 한다. 일본 측 거의 전원이 '만주를 포함한 전 중국에서 철군'이라고 해석한 것과 비교하면 큰 차이가 있다. 확실히 현재 헐 노트를 읽어보면, 만주를 포함한다고는 어디에도 적혀 있지 않다. 선입견이란 무서운 것이다.

'만주'를 포함할지 말지 하는 이 본질적인 의문은, 어전 회의에서 하라 요시미치 추밀원 의장의 질문이 있었음에 불구하고 그 후 논의가 없었다고 한다. 여기서도 미국 주재의 노무라, 구루스 양 대사가 이 점을 끈질기

게 물고 늘어져서 확인하지 않았다고 하는, 전문 외교관의 기능 부전이라고 할 상황이 곳곳에서 보인다.

그러나 이를 실현시키는 조건이 잠정적으로 갖춰져 있었다고 하여도, 미일 개전은 상호 인식의 커다란 차이에 입각해 있었기 때문에, 미일교섭에 착수한 시점에서 혹은 극단적으로 표현하자면 미일교섭에 착수했건 말았건 언젠가는 미일 결전으로 치달았을지도 모른다.

그렇다고는 해도, 적어도 그것을 회피할 수 있었을지도 모른다는 가능성을 얼마든지 찾아낼 수 있는 상황에 대해 심도 있게 연구하기에, 역사의 '만약'이 아니라 현재의 우리로서는 미일관계와 그 미래에 대하여 상당히 의미 있는 시사점을 얻을 수 있을 것으로 보인다.

관료 중에서도 가장 프로 의식을 필요로 하는 사람은 외교관이다. 외교관이야말로 프로 중의 프로다. 무엇보다 요즘은 외무성만이 외교를 하는 시대는 아니다. 외무성이 아닌 여러 부서에서 각 나라의 대사관, 영사관에 인원을 파견하고 있는 것이 그것을 보여주고 있다. 외교의 다원화가 일어난 것이다. 그래서 민간인이 외교 분야로 들어오기도 하고, 아마추어에 가까운 외교관도 있다. 지금은 전문가가 아니면 안 된다고 단정 짓는 것도 무리가 있다.

그래서 다음으로 민간인 외교로 성공한 오키나와 반환을, 내가 그 중심 인물인 스에쓰구 이치로 씨와 한 인터뷰에서 살펴보고자 한다.

3. 비전문가 성공의 예 — 오키나와 반환

"당시는 아직 미국은 소련을 우방이라고 생각하고 있었다.(중략) 언젠가는 소련과 싸우지 않으면 안 된다. 이를 위한 전략 기지로 오키나와를 남겨두려는 계산이 있었다. 즉 바다를 사이에 두고 미군 관할 하에 두는 게 편리하다는 것이 출발점이었다. 그 출발이 오키나와 점령이 오랫동안 이어진 배경이기도 하다. 또한 샌프란시스코 강화조약. 그 무렵이 되자 미소관계가 한국전쟁을 계기로 냉전시대로 접어든다. 거기서 처음으로 한국전쟁이 계기가 되어 전략기지의 중요성이라는 것이 크게 거론된다. 그래서 샌프란시스코 강화조약을 맺을 때 '역시 절대로 오키나와를 빼놓을 수 없다.'라고 생각하게 되었다. 따라서 조약 조문에 '아무튼, 영토를 원하는 건 아니다.'라는 것을 잠재적 주권이 있다고 하면서, 그러나 실제로는 모든 통치권을 미국이 손에 쥐고 싶어서 그런 조문이 생겼다."

(스에쓰구 이치로 씨 인터뷰에서)

이 말은 고 스에쓰구 이치로 씨가 생전에 나와 오키나와 반환 교섭에 관한 인터뷰를 했을 때 한 말이다. 그러나 이런 미국의 오키나와 인식이 얼마 지나지 않아 비전문가 외교관의 활약에 의해 변화했고, 전쟁으로 빼앗긴 영토가 전쟁을 치루지 않고 회복될 수 있다는 세계 역사상 드문 현상이 현실이 된다. 즉, 1972년 5월 15일, 오키나와는 27년이라는 미국의 오랜 지배에 종지부를 찍고 일본에 반환된 것이다.

오키나와 반환을 성공으로 이끌어낸 근거를 물었을 때, 스에쓰구 씨는

"여러 사람들의 합력입니다."라는 상당히 인상 깊은 말을 했다. '합력'. 오키나와 반환은 바로 다양한 인식 주체의 합력에 의해 달성되었다. 그 합력의 중심에 있었던 사람은 전문 외교관 사이드에 선 사토 에이사쿠였는데, 그의 외교 수법 특징은 수상이라는 전문 지휘관이 스스로 비전문가를 적극적으로 활용했다는 점에 있고, 또한 그것이 비전문가 활용의 드문 성공 사례가 된 이유일 것이다.

사토 수상이 오키나와 반환에 대하여 어떤 인식을 갖고 있었는지에 대해, 센다 히사시(千田恒)가 그의 저서 『사토 내각 회상』에서 상당히 시사적인 분석을 하고 있다. 그는 사토가 오키나와를 정책 과제로 삼으려 했던 배경을, 1962년 9월부터 11월 까지 유럽 시찰 여행 중에 한 드골과의 회견에서 찾아낸다.

"세계 평화를 유지한다는 의미에서 세계의 현 상태를 그대로 인정한다. 현 상태를 동결시키는 것이 평화를 유지하는 가장 좋은 길이다. 그러한 사고방식이 일부에 있다. 독일은 동과 서로 분할되어 있다. 한국도 그렇고 베트남도 그렇다. 중국도 둘로 나뉘어 있다. 일본의 경우도 지시마 열도(쿠릴 열도)가 소련령으로 편입되어 있다. 그 외 나라들의 국경도 점령의 결과로 점점 굳어져 가고 있으니, 그대로 두어도 되지 않을까? 그 상태를 그대로 승인만 한다면 세계의 평화는 유지될 것이다. 이런 논의가 있지만, 그것에 대해 나는 여러 가지 의문이 있다. 이런 사고방식에는 전쟁 마무리에서 생겨난 결말을 그대로 인정하려는 안이함이 있다. 이론적 해결이 아니라 힘의 해결인 것을 그대로 인정하려는 것이다. 원래 하나였던 민족을 가차없이 둘로 나눠 버린다. 우리의 경우를 보아도, 일본 고

외교의 프로와 민간인 - 하나이 히토시 **165**

유의 영토를 점령당해 그것이 외국 영토에 편입되어 있다. 이런 상태를 인정할 것을 강요당하고 있다. 도대체 이런 상태를 동결하는 논의에 관하여 당신은 어떤 사고방식을 가지고 있는가?"

센다 히사시 – 『사토 내각 회상』

이 이야기는 사토가 드골에게 이야기 한 부분을 인용한 것이다. 사토가 오키나와 반환을 그의 정치 과제로 삼은 것에 대해서는 여러 가지 설이 있지만, 그가 1962년이라는 상당히 이른 시기부터 큰 문제의식을 가지고 있었던 것만은 확실하다.

동시에 '오키나와 병'이라는 말로 대표되는 민심의 고양이 있었다. '오키나와 병'이라는 것은 남방동포원호회 회장인 오하마 노부모토(오키나와 출신으로 와세다 대학 총장 역임)가 명명한 것으로, 점령 하에 있는 오키나와의 실상을 깨닫고 심정적으로 오키나와의 주민에 대해 깊이 공감하는 사람들이 걸리는 병이다.

오키나와 반환 교섭이 성공한 이면에는 이 병의 열기에 시달린 사람들의 심정적 백업을 절대로 간과할 수는 없다. 그러나 이 병의 바이러스는 오키나와라고 하는 존재가 일본인의 의식에 명확한 대상으로 부상하고서야 비로소 그 맹위를 떨쳤다. 오키나와가 미국의 인질로 간주되어 사람들의 마음에서 잊혀져가는 섬이었던 시대에는 오키나와가 일본으로 되돌아오리라고는 아무도 진지하게 생각하지 않았다.

오키나와 반환 교섭은 그런 소극적인 '일본 본토의 인식'이 반환이라는 조류를 타는 과정이었는데, 그 조류가 만들어진 배후에는 오키나와를 통치하던 '미국의 인식' 변화, 그리고 반환 요구의 모체가 된 '오키나와 주민의 인식'이 존재한다. 이 세 가지 인식의 갭이 조정되고 일치되는데 필요한 시차가 27년이란 긴 세월 동안 오키나와를 외국 지배에 만족하게 한 요인이었다.

어떤 사안에 대한 '인식'이라는 것은, 그 인식이 보다 중요한 생존에 관한 것일수록 단기간에는 변화를 보이지 않는다. 오키나와에 관해서 말하자면, 미국의 인식은 점령 초기부터 차츰 중요한 방향으로 인식이 바뀌어 갔으며, 그 인식이 이윽고 오키나와에서 미일관계로 승화되어 감에 따라 일본의 인식과 접점을 찾아냈다.

일본의 오키나와에 대한 인식 수준은 원래 많이 낮았으며, 마침내 토지 문제를 계기로 오키나와에 대한 인식에 눈을 뜨지만 그것은 아직 중요하게 의식하지 못했는데, 그것을 국익이라고 생각하는 인식까지 높여 미국과의 타협점까지 국민을 선도했던 사람이 사토 에이사쿠였고, 사토에게 영향을 끼친 사람이 그가 종종 활용했던 비전문가 외교관이었다.

한편, 오키나와 주민들의 인식은 원래부터 중요한 것이었지만, 그것은 일본의 국익과 부합하지 않아 처음에는 미국이나 일본 본토의 인식과 동떨어져 있었다.

오키나와 반환은 사토 에이사쿠라고 하는 인식 주체를 리더로 삼아, 이 본토 복귀를 갈망하게 된 오키나와 주민의 인식에다가 오키나와가 돌아오는 건 꿈같은 이야기라고 생각했던 본토 주민들이 오키나와 반환을 지원하려고 변화한 그 인식, 그리고 반환의 주체인 미국의 인식, 이 세 개의 선이 하나로 뭉쳐지는 과정이었다.

그 각 주체의 인식을 오키나와 반환이라는 하나의 목표로 묶는데 큰 공헌을 한 것이 민간외교 채널=비공식 채널, 즉 비전문가 외교관의 움직임이었다.

하나는 스에쓰구 이치로를 중심으로 하는, 샌프란시스코 강화조약 체결 이후 계속 이어지는 '오키나와 조국 복귀 운동' 흐름에 따른 '오키나와 문제 등 간담회'의 정책 제언이나 '미일교토회의' 같은 민간 차원인 미일 관계자의 의식 제고 운동, 또 하나는 그의 저서 『다른 방법은 없었다고 믿고 싶다』에서 밝힌, 「키신저 비록」에 '미스터 요시다'라는 암호명으로 등장하는 사토 에이사쿠 수상의 '밀사' 와카이즈미 게이(若泉敬)의 활약이었다.

1945년 필리핀을 탈환한 맥아더가 이끄는 미군은 일본 본토 상륙을 목표로 남서제도를 징검다리 삼아 공략하는 작전을 세웠는데, 그 최종 목표로 오키나와 섬을 설정했다. 그해 4월 1일 총병력 55만, 함정 1400척, 12만 육상 병력을 거느린 미군의 노도와 같은 일대 오키나와섬 공략 작전이 감행되었다. 무참하기 이를 데 없는 전투는 84일간 계속되다 6월 23일 일본군의 괴멸을 가져오고 종료되었다.

오키나와의 대지는 초토화되었고, 일본군 및 오키나와 주민 희생자 총 26만 명, 미군도 1만 2천 명이라는 막대한 희생을 남긴 채 전쟁은 종결되었다. 오키나와 남부 전적지인 옛 해군사령부 방공호에는 오타 소장이 해군차관 앞으로 보낸 진정성 넘치는 전보가 남아있는데, '오키나와 주민은 이렇게 싸웠습니다. 주민에 대해 나중에 특별한 배려를 부탁드립니다.'라고 끝맺은 전문에서도 그 치열한 전투를 엿볼 수 있다.

8월 14일 일본정부는 포츠담 선언을 수락하고 일본의 패전이 결정되었지만, 이 선언에서 일본국의 주권은 '혼슈, 홋카이도, 규슈, 시코쿠 및 우리들이 결정하는 제반 작은 섬들로 국한된다.' 라고 규정되어, 후에 오키나와가 헤쳐 나갈 운명의 방향을 암시하고 있었다.

1946년 1월 29일 맥아더로부터 오키나와를 포함한 네 개 군도의 행정권을 일본 정부에서 분리하는 취지의 각서가 도착, 미국의 대일 점령정책 중에서 오키나와의 지위가 명확하게 되었다.

4월 22일에는 류큐 열도 미국 민정부가 창설되고, 오키나와는 일본 본토와 분리되어 독자의 길을 걷기 시작했다. 그리고 1951년 9월 8일 대일 평화조약(샌프란시스코 강화조약)이 체결되었다. 이 조약의 제3조에 의해 오키나와는 일본으로부터 명확하게 분리되어 미국의 지배하에 들어갔다.

조약 체결 시 오키나와 주민들에게 일본의 하나의 현으로 존재할지 아니면 미국의 통치하에 들어갈지 선택을 하라는 제시는 없었고, 국회는 오키나와현 주민 대표의 참가조차 허락하지 않았기에, 국정의 장에서 자신들의 의견을 표명하는 기회를 얻지 못한 채 오키나와의 운명은 결정되었다.

조약 체결을 앞두고 오키나와에는 자신들의 미래상에 대하여 세 가지의 의견이 있었다. 그러나 그 중에 두 가지는 류큐 독립론과 미국 귀속론이라는 아주 적은 소수의 의견이었고, 대다수의 오키나와 주민은 일본으로 복귀되기를 희망했다.

게다가 주민은 복귀 운동으로서의 형태는 명확히 취하지 못했다고 해도, 미일 양국의 정부 및 국회에 일본 복귀를 간절히 원한다는 진정서와 서명 운동의 결과를 표명하고 복귀를 호소했으나, 오키나와 주민의 의사는 완전히 무시되었다.

오랜 억압의 역사로 조성된 국가에 대한 불신과 오키나와 사회의 특성인 지연·혈연에 얽힌 지역공동체 의식이, 걸핏하면 주민들로 하여금 현상 긍정주의적 사고방식에 치우치게 해, 오키나와가 영구히 일본으로 돌아올 수 없을 가능성도 충분히 있었다.

본토 복귀 운동 역시 예외가 아니어서 정치적·경제적인 다양한 관점에서 의견이 제시되었다. 그러나 이런 다양한 가치가 떠돌고 흔들리는 상태도, 미군 통치에 의한 생활의 압박이라는 환경을 더 이상 견딜 수 없다는 사람들의 환경 인식에 따라, 점차 일본 본토 복귀의 방향으로 나아가기 시작했다. 하지만 아직 초기에는 역사에 남을만한, 일본 정부에 대한 불신과 미국의 통치정책 완화에 대한 기대와 함께 환경 개선 요구라는 형태로 운동은 일어나고 있었다.

그러나 막연한 기대와 불안을 불식시키고, 본토 복귀 운동을 오키나와 전체로 들불처럼 타오르게 하는 사건이 발생했다. 그것은 1953년 4월 3일에 공포된 포령 제91호 '토지 수용령'에 의해서 발생한 군용지 문제이다. 선조 대대로 내려온 토지를 얼마 안 되는 보상금으로 영원히 빼앗겨버린다는 것은 오키나와 주민의 마음에 본질적인 위기감을 일깨우고, 일본인가 미국인가 하는 막연한 선택지 중 후자를 사람들 마음속에서 탈락시킨 것이다. 이렇게 싹튼 환경의 본질에 대한 인식은 곧 생존권이라는 의식까지 승화하였고, 자신들의 생존권을 위협하는 것은 미군기지이며 기지의 철거 없이는 진정한 행복을 얻을 수 없다는 인식이 확립되어 오키나와 반환 운동으로 승화한다.

불행하게도 그 존재가 비극의 계기가 된 미일 교섭과 달리, 비전문가 외교관이 그 교섭을 성공으로 이끈 주역이 된 오키나와 반환 교섭은 어떤 조건을 갖추고 있던 것일까?

현대 외교는 국가와 정부만이 주체가 아니고, 그 외에 새로운 외교 주체도 등장하고 있다. 또한 대사, 공사 혹은 외교관에 의해서만 이루어지는 것이 아니라, '민간 외교'라고 하는 것처럼 관료가 아닌 사람에 의해서도 외교는 전개되게끔 되어 있다. 이런 넓은 개념에 입각해서 『브리태니커 백과사전』은 외교란 '국제 관계가 운영되는 방법'이라고 정의하고 있다. (하나이 히토시 『국제 외교의 단계』)

앞에서 말했듯이 오키나와 반환 교섭 성공의 배후에는 크게 두 가지 비전문가의 움직임이 있었다. 하나는 스에쓰구 이치로를 중심으로 하는, 요즘 말하는 NGO조직 내지는 사적 자문기관의 활동이었고, 다른 하나는 키신저가 '밀사'라고 부른 와카이즈미 게이의 활동이었다.

한편 전문가인 사토 에이사쿠의 외교 기법의 특징은, 앞에서 설명한 것처럼 수상이라고 하는 전문 외교관인 지휘관이 스스로 비공식 채널을 적극적으로 활용한 점에 있으며, 또 그것이 비전문가 외교관의 드문 성공 사례가 된 이유라고 본다.

뒤집어 말하면, 당시의 수상이 전문가를 신뢰하지 않을 경우에 가장 비전문가가 필요하고, 또 그 성공률이 높아진다고 볼 수 있다. '비전문가를 필요로 하는 경우'란, 즉 '외교 리더가 전문 외교관에 대하여 불신감을 갖고 있는 경우'라고 바꾸어 말할 수 있을 것이다. 이것을 증명하는 에피소드를 와카이즈미는 남기고 있다.

예를 들어, 처음 정부 소식통의 의뢰가 있던 상황에 대해서,

후쿠다 다케오 간사장은 입을 열자마자 (중략) "와카이즈미 선생님(그는 당시 나를 이렇게 불렀다.), 전적으로 신뢰해서 하는 말인데 오키나와 문제를 최대한 도와줄 수 없는지요? 지금 같은 상태로 둘 수는 없으니 국면 타개를 위해 선생님이 생각하는 가장 효과적인 방법으로 미국 최고 정

상의 의향을 타진해 주었으면 합니다." (중략) 눈앞의 미일 정상회담을 성공시키기 위해서는 지금의 미키 다케오 수상이나 외무성 차원의 교섭에만 맡겨둘 수 없다는, 그 진척 상황에 대한 명백한 불만과 초조함이 말 속에 배어있었다.

와카이즈미 – 『다른 방법은 없었다고 믿고 싶다』

또한 사토의 지시에 대한 외무성의 태도에 대해서는,

다만 나중에 알게 된 사실이지만, 여야나 '오키나와 문제 등 간담회'가 한목소리로 요구하고 언론이 일제히 미일 정상회담의 쟁점으로 지적한 '오키나와 반환 시기의 설정'에 대해, 사토 총리의 강력한 지시가 있었음에도 불구하고 외무성 사무당국의 생각은 달랐다. (중략) 미키 다케오 외무대신이 타협안을 제시했다. 그것은 총리와 대통령이 함께 "두 나라는 3년 이내에 반환의 시기에 관하여 합의에 도달하도록 노력한다."라는 표현이었다. 그러나 이것도 그의 부하인 직업외교관들 입장에서 볼 때 실현 불가능해 보였다. 15일 아침, 사토 총리를 중심으로 일본 측의 최종 협의가 이루어졌다. 외무성 안을 본 총리는 "러스크(미국 국무장관)와 이야기해봐서 전혀 말이 먹히지 않으면 내가 다시 한 번 윗선(대통령)까지 올려놓고 버티겠다."며 굳은 얼굴로 말했다고 한다.

『다른 방법은 없었다고 믿고 싶다』

이런 이야기들에서 읽어 낼 수 있는 것은 공식 채널에 대한 불신감·실망감이 수상으로 하여금 비전문가 활용을 도모하게끔 한다는 것이다. 아이러니하지만 비전문가를 필요로 하는 경우는 외교 리더의 이런 전문가에 대한 신뢰가 흔들릴 경우, 즉 외교 기능 부전에 빠진 상황이라고 할 수 있다.

사실 미일교섭 때도 외형은 그런 케이스와 비슷했다. 즉 전문가인 마쓰오카 외무대신을 무시하고 비전문가 활용으로 움직인 고노에 수상이라는 구도다.

고노에 수상이(수상의 개인 대표라고 멋대로 자칭하고 있었다고는 하지만, 적어도 위임 의사는 느끼고 있던) 이카와를 비공식 채널 구축을 목적으로 미국에 보낸 이유는, 반드시 마쓰오카 외무대신 주위의 전문 외교관에 대한 불신이 계기는 아니었을지 모르지만, 결과적으로 비전문가를 활용한 것이 이중외교가 되는 계기를 만들어 내서, 외교의 일원화를 입각 조건으로 삼은 마쓰오카 외무대신과 결정적인 방침 대립을 불러왔고, 그리하여 미일교섭은 실패의 원인이 되었다.

> 마쓰오카 입장에서는, 삼국동맹은 방금 조인을 마치고 돌아온 일소중립조약과 함께 일본의 대미외교 기본 원칙이며, 이를 처음부터 부정하는 항목을 가진 '양해안'으로는 미일 관계를 타개할 엄두를 내지 못했던 것이다. 하지만 무엇보다도 마쓰오카를 분개하게 한 것은 다름 아닌 이 '양해안'이 외무대신인 마쓰오카가 전혀 관여하지 않은 것으로 되어버렸다는 점이다.
>
> 도요다 조 『마쓰오카 요스케 – 비극의 외교관』

그러나 오키나와 반환 교섭과 결정적으로 다른 것은, 당시의 수상이 비전문가 활용을 했다고 해도 결코 전문가의 외교가 기능 부전에 빠져있던 것은 아니었다는 점이다. 마쓰오카 외무대신이라는 강력한 리더에 의한 공식 채널에서의 교섭과 고노에 수상의 비공식 채널이 이중 외교의 우를 범한 점이 제일 큰 문제였던 것이다.

정리하자면 민간인 외교가 필요하게 되는 경우란, 외교 리더(수상)가 전문 외교관에게 불신감을 품고 있는 상황에서 전문가 외교가 기능 부전이 되고 있는 상황이라고 할 수 있다. 또한 그렇게 활용되는 비전문가 외교관은 외교 리더의 강력한 후원을 필요로 하고, 그것이 충족되어야 한다. 그렇지 않을 경우는 이중 외교가 되어 미일 교섭의 우를 되풀이하게 된다.

> 관저에서 사토 총리와 둘이서 마지막 협의를 하고, 로스토우 대통령 특별보좌관에게 제출할 내각 총리대신의 신임장을 받았다.
>
> 『다른 방법은 없었다고 믿고 싶다』

오키나와 반환의 '밀사' 와카이즈미 씨에게는 사토 수상의 신임장이 있었다.

오키나와 반환 교섭에 대해 외무성의 담당자는 당시 어떤 생각을 갖고 있었는지에 관한 스에쓰구 이치로 씨의 흥미로운 언급이 있다. 생전의 인터뷰 발언을 그대로 게재하고자 한다.

> "마침 오키나와 반환 교섭 막바지 무렵인데, (중략)내가 맨 처음 워싱턴에 갔을 때는 워싱턴 주재 일등서기관이 외무성에서 전보를 받고 바로 마중 나왔어요. 그런데 오키나와 반환 문제로 움직인다는 말을 들은 그

는 '오키나와 반환에 관해 아무것도 하지 않는다니까요, 워싱턴에서는. 그래서 우리 셋이 갔을 때 내가 제일 젊었기에 여기저기' 뛰어다녔는데, '당신, 도대체 왜 오키나와 반환 같은 데 (관여하냐고 묻길래), 그게 무슨 뜻 이냐? 왜냐하면 될 리가 없다니까요. 너 무슨 말 하는 거야? 뭣 때문에 워싱턴에 와 있는 거냐?' 하고 일대 격론을 할 정도로 당시에는 아직 특히 외교 관계자들은 그런 분위기에 휩싸여 있었지요. 그게 1960년대 중반 무렵이었어요. (중략) 그때 (스에쓰구 방미) 마중을 나왔던 지바 가즈오 군은 얼마 지나지 않아 일본으로 돌아왔고, 우리 일도 있고 해서 1969년 무렵부터는 외무성이 움직이기 시작했지요. 정식으로 외무대신이 오키나와 반환 교섭을 직접 시작한 것은 1969년 6월이었어요. 아이치 기이치(愛知揆一) 외무대신. 여기서부터가 공식적인 오키나와 반환 교섭의 시작이지요. 물론 그 전에 사전 협의를 하고 기초 다지기가 있었어요. 그러니까 전에 달라스 공항에서 나를 차갑게 맞았던 지바 가즈오 군은 몇 년 안 되어 오키나와 반환 교섭의 주역이 됩니다. 그리고 오키나와 반환 협정 조인식이 6월에 관저에서 열리게 된 거예요. 그때는 위성으로 텔레비전 중계를 했지요. 미국과. 그때 그가 사회를 보는 영광스런 역할을 하게 되었지요."

(스에쓰구 이치로 씨 인터뷰)

전문가의 문제의식이 낮을 경우 그것을 높이는 것도 비전문가의 역할임을 엿볼 수 있다.

영국 외교관 해럴드 조지 니콜슨은, 외교관이 가져야 할 자질로써 네 개의 C를 거론 한다. Credit(신뢰), Confidence(자신), Consideration(배려),

Compromise(타협).

또 전 외무 사무차관인 무라타 료헤이는 직업 외교관의 필요성에 관하여 다음과 같이 말한다.

> 그러면 왜 직업 외교관은 21세기에도 필요한가? 그것은 진짜 전형적인 직업 외교관은 여전히 특수한 존재, 한마디로 말해서 '외교의 전문가'이고, 어느 나라도 이들 전문가의 참가와 지원 없이는 다른 나라와의 관계를 원활하게 유지할 수 없기 때문이다.
>
> 무라타 료헤이 - 『왜 외무성은 쓸모없게 되었는가』

전문 외교관에게 요구되는 자질은 대단히 중요하다. 당연히 민간 외교에 관여하는 사람에게도 동일하게 적용된다. '전문가'이건 '비전문가'이건 '외교'에 관여하는 사람들에게 요구되는 자질은 동일할 것이다. 그러나 '전문가'인 직업 외교관은 조직 안에서 그 자질이 왜곡되는 경우가 있으며, 또한 그 직무에 대한 책임은 조직 안에서 완화되지만, '비전문가'인 민간인은 그 모든 것을 개인이 처리한다고 하는 특수성으로 인해 자신의 '목표' 관철과 현실 사이에서 고뇌하게 된다.

본래 각각의 외교관이 지녀야할 그 '목표'와 자신의 직무가 미래에 야기할 가능성에 대한 '두려움'을 잃어버렸기 때문에, 현재 외무성의 참상이 있는 것은 아닐까?

'사사로움이 없다'라는 점에서, 오키나와 반환 교섭 때의 '오키나와 기지문제연구회' 멤버 중 한 명이기도 한 고타니 히데지로(고인)는 다음과 같이 말했다.

구체적으로 말하면, 미군의 완전 지배하에 있던 오키나와 반환 운동이 전개된 시기에는 '핵 없는 본토 수준'이라는 슬로건 아래, 오키나와의 미군 점령 정책을 하루라도 빨리 해제시키고, 미일안보조약 아래 오키나와를 포함한 일본의 안전 보장을 흔들림 없는 것으로 만들겠다는 국가 목표 달성에 확실히 도움이 될 만한 미군기지 선택에 자기 자신의 지식을 최대한 사용했다. 물론 그때 한 행동은 정부의 명령에 의한 것도 아니었다. 그야말로 자발적으로 국가에 봉사한다는 마음이었고, 그 시절에는 현재와 같은 자원봉사라고 하는 편리한 단어는 아직 일본에서는 일상적으로 통용되지 않았고, 그냥 이렇게 하는 것이 나라를 위하는 거라고 굳게 믿고 있었던 것 같다.

고타니 히데지로 - 『북방영토와 자원봉사』

비전문가 밀사 '미스터 요시다'로서 사토 수상과 닉슨 대통령, 키신저 보좌관 사이에서 무겁고 힘든 교섭을 계속한, 오키나와 반환 교섭의 숨은 주역인 와카이즈미 게이 씨도 그 취임 요청에 즈음하여 다음과 같이 말했다.

나 자신도 총리께서 주신 이번 일이 내 인생에 있어서 가장 중요하고 의의 있는 사명이라 생각하고 목숨을 걸고 할 생각입니다. 물론 아무런 대가도 바라지 않습니다. 이번 기회에 분명히 말씀드립니다만, 나는 사토 에이사쿠 개인을 위해서 하는 것이 아닙니다. 부디 이 점만은 오해하지 말아주십시오. 당신이 일본국 총리대신이니까 하는 겁니다.

『다른 방법은 없었다고 믿고 싶다』

그리고 그 혼신의 힘을 담아 쓴 저서 『다른 방법은 없었다고 믿고 싶다』
의 첫머리에서, 와카이즈미는 굳건한 결의를 '선서'하고 그 심정을 말한다.

오랜 주저와 망설임 끝에 무거운 마음으로 펜을 들고 지지부진하게 엮
은 한 편의 이야기를 지금 여기에 공개적으로 이야기 하겠다. 역사의 한
부분에 대해 증언하기 위해서다. 이 결심을 확고히 함에 있어, 두려움과
자책감에 시달리면서 나는 스스로 천하의 법정 증언대에 서서 용기를
내어 마음을 가다듬고 선서해 두고자 한다. (선서에서) 돌이켜 볼 것도 없
이 나의 책임은 무겁다. 그 무거움이 항상 나의 심층 심리를 지배해 왔
다. '오키나와 위령의 날' (6월 23일) 문득 밤중에 눈을 뜨고, 나머지 동포
들과 그곳에 잠든 무수한 영혼을 생각하며, 예리한 칼로 온몸을 도려내
는 듯한 기분에 사로잡힌 적이 한두 번이 아니었다. 그것은 비록 운명이
초래한 결과라고는 해도, 국가 외교의 중요한 정무를 맡은 내가 역사에
대하여 짊어져야만 하는 '결과 책임'이다. (사죄의 말에서)

비전문가 외교관으로서 교섭에 깊게 관여해, 비밀을 떠안고 홀로 분투
한 와카이즈미 씨의 떨리는 책임감의 강도와 고독감에, 외교에 관여하는
민간인이 이렇게까지 처절한 생각을 해야 하나 하고 만감이 밀려온다.
　한편 고노에 수상의 개인 대표라고 자칭해 미일 교섭에 관여한 이카와
씨에 대한 가세 대사의 평가는 가혹했다.

누가 정보제공자인가가 문제였는데 살펴보니 이카와 같았다. 그는 허가
없이 수상의 개인적 대표라고 자칭한 인물이어서 대장성 관료들로부터

도 전혀 신임을 받지 못했다. 나의 손윗동서가 이카와하고 뉴욕에 같이 근무했기 때문에 나도 그와 한두 차례 면식은 있었지만, 능력은 있으나 참으로 언동이 꼴사납고 경박한 사람이었다.

『미일전쟁은 회피할 수 있었다 – 역사의 증인으로서 진상을 말하다』

비전문가 외교관으로서 비공식 채널을 통해 외교 교섭에 관여한 사람들의 자질이 양극단을 보여주었고, 그것이 그대로 교섭의 성패에 관계되는 점이 굉장히 흥미롭다. 외교란 인간관계를 국가 간에 부연 설명한 행위의 하나라고 절실히 느껴진다.

또, 앞서 말한 전 외무사무차관 무라타도 이야기한다.

실제로 외무성에서 정책을 결정하는 사람은 국장 내지 부장입니다. 뒤집어서 말한다면, 부처 내의 토론이 줄어드는 만큼 개인적 자질에 의존하는 겁니다. 그리고 그 국장이나 부장의 세계관과 인생관도 크게 영향을 미칩니다.

『왜 외무성은 쓸모없게 되었는가』

여담이지만, 나도 한때 소속되어 있었고 와카이즈미 교수도 교편을 잡았던 교토산업대학 부속 '세계문제연구소' 초대 소장은 이와쿠로 히데오였다. 미일 교섭에서 이카와와 함께 「미일양해안」을 정리한 전 군사과장 이와쿠로 씨가 이곳에서 와카이즈미와 접점을 갖고 있을 줄은 몰랐다. 시대를 초월해 미일간의 외교 교섭에 나타난 역사의 우연에 놀라움을 금할 수 없다.

비전문가가 성공한 예로서 오키나와 반환 교섭에 관여한 사람들의 자질과 조건을 중심으로 이야기해왔지만, 그 외교 교섭 환경이라는 관점에서도 미일 교섭과 오키나와 반환 교섭과의 차이점에 대해 생각해 보고자 한다.

외교 교섭을 '위기적', '비위기적'이라는 관점에서 볼 때, 미일 교섭은 전자이며 오키나와 반환 교섭은 후자로 자리매김 된다.

> 위기적 상황이란, 외교 결정권자에게 허용된 시간이 짧고 사태가 정책 결정권자에게 미칠 위협이 높으며, 그 사태를 정책 결정권자가 예상할 수 없는 경우를 말한다. 그 반대가 비위기적 결정인데, 비위기적 결정의 예로는 오키나와 문제의 해결이 있다.
>
> 하나이 히토시 『신외교정책론』

위기적 결정과 비위기적 결정은 비전문가의 교섭 성패가 미치는 영향의 크기가 분명히 다르다. 하나는 '실패', 즉 '전쟁'이라는 국가의 가장 중요한 결정이고, 또 다른 하나는 그렇지 않다. 그러나 거기에 관여하는 사람들의 자질이 중요하다는 것은 지금까지 논의한 바와 같다.

여기서 생각해야 할 것이 있다. 위기적 결정을 필요로 하는 장면에서는, 비전문가 외교는 어디까지나 정보 소스의 하나로서 머물 것인가 아니면 교섭의 가교역으로서 비공식 채널을 적극적으로 구축할 것인가이다. 그러나 동맹국간의 분쟁이라고 해도 '대적 거래법'의 발동을 미국 측이 밀어붙일 때까지 복잡하게 꼬였던 '미일 섬유 분쟁'의 경우는 '준위기적 결정' 상황이라고 할 수 있고, 이 또한 오키나와 반환 교섭 이후의 '비공식 채널'을 통해 최종적으로 마무리되었음을 감안할 때, 비전문가를 어느 수준으로 활용할지는 그것을 행사하는 수상(외교 리더)의 사고방식에 달렸다고 할 수 있다.

미일교토회의 개최에 즈음해 스에쓰구 씨가 완수한 역할에 대해, 그는 에드윈 라이샤워와의 관계에서 상당히 흥미로운 발언을 남기고 있다.

"왜 이 회의가 열리게 되었나 하는 과정을 생각해보면, 우리가 1966년 에 미국에 갔다가 골치가 아파서 돌아왔지요. 어찌된 일인가 싶었어요. 하지만 생각해 보니, 결국, 정식 출입구로 들어가려고 했더군요. 국무성, 국방부, 백악관, 전형적인 공무원 등. 두 번째 갔을 때는 말이죠, 라이샤 워의 집으로 갔지요. 라이샤워하고는 그 전부터 이런저런 일들이 있었거 든요. 그래서 나는 그에게 내가 느낀 점에 대해 이야기 했어요. 결국 공 무원 상대니까요, 정공법을 택해서는 어찌할 도리가 없더라고요. 그래서 어떻게 해야 할까 하다가 당시에 내가 생각하기에는 말이죠, 일본에서도 학자가 정부의 정책 결정 과정에 관여할 수는 있다고 하지만 이건 대부 분 심의회 같은 게 많지요. 혹은 간담회라는 형식으로, 의견을 슬쩍 반영 하게 됩니다. 내가 보니 미국의 경우는, 지역 전문가나 주요국에 대한 전 문가 그런 사람들의 정책 결정 과정 관여는 일본보다 훨씬 많은 것 같습 니다. (중략)그런 말을 했더니 라이샤워가 무릎을 치며, 자네가 좋은 생각 을 했다고 해서, 내가 명단을 만들어 주겠다고 하고 사십 여명의 명단을 만들어 주었지요.

(스에쓰구 이치로 인터뷰에서)

비전문가 외교의 드문 성공 예로 오키나와 반환 교섭을 들고 성공한 이유에 대해 논의해 왔지만, 결국 그 원류에는 '전문가'에 대한 당시 수상의 불신감이 존재하고 있다. 향후 일본의 외교를 생각할 때 '전문가'와 '비전문가'는 별개 존재로 취급하지 말고, 때로는 수상의 사적 정보원으로, 때로는 NGO·NPO와의 협력이라는 형태로, 함께 국익을 위해 손을 맞잡고 '외교'의 일익을 담당하는 시대가 오고 있는 것은 아닐까?

그리고 현재 남아있는 영토 문제인 '북방 영토'도 같은 접근 방식으로 해결을 도모할 수 있을지 그 가능성을 짚어보고자 한다.

고타니 히데지로 씨는 '자원봉사'라는 접점에서 비전문가의 활용을 제안하고 있다. "영토 문제를 안고 있는 국가가 존립하는데 있어서, 국가로서는 그 주권이 미치는 토지를 반환시키고 본래의 섬 주민들이 고향에 돌아가고 싶어 하는 소원을 들어주기 위해, NPO에 의거하여 국가 목표를 달성하기 위한 측면적 조언과 정보를 국가에 제공하는 것이 우리들의 역할이라고 생각한다."고 했다.

이후 점점 비공식 채널이 외교의 장에서 중요해질 것만은 확실할 것으로 보인다. 전쟁이라는 비극을 초래한 미일 교섭. 유혈사태 없이 영토가 반환된 오키나와 반환 교섭. 이러한 의사결정 과정 분석을 통해, 우리는 지금 남아있는 영토 문제인 '북방 영토' 반환 교섭 및 수많은 외교 교섭에 임하는 마음가짐을 가져야 할 것이다.

> "소련과 미국은 본질적으로 다르다. 미국은 영토적 야심과 경제적 이권 같은 이유 때문에 오키나와를 반환하지 않은 게 아니다. 그에 반해 소련의 경우는 오래전 러일전쟁의 원수를 갚겠다는 마음으로 시작했다. 그래

서 억지로, 그것도 불가침조약을 어기고 북방 영토의 최북단인 슘슈섬에
소련군이 쳐들어 왔을 때가 8월 18일 새벽. 그리고 그곳에 있던 일본인
을 쫓아냈다. 미국에 대한 비난과는 본질적으로 다르다."

(스에쓰구 이치로 치 인터뷰)

제4장

일본 외교에 대한 제언

하나이 히토시

외교의 성패는 외교관에게 달려있다

"때는 1905년 9월 8일. 장소는 미국 포츠머스. 러시아 측 대표인 세르게이 비테가 온화한 표정으로 고무라에게 다가왔다. 큰일을 이루어낸 편안함 때문인지 상당히 기분 좋은 얼굴로 '장관님은 언제까지 포츠머스에 체류하십니까?' 하고 물었다. 러시아 측 통역사가 바로 영어로 통역하려고 할 때, 그것을 가로막으며 고무라는 '지금 바로 포츠머스를 떠나 보스턴에 갑니다. 그리고 거기서 다시 뉴욕으로 갈 예정입니다.'라고 비테를 보며 유창한 프랑스어로 차분하게 대답했다. 그때 교섭의 막바지를 맞이하여 화기애애하던 러시아 대표단은, 일순 찬물을 끼얹은 듯 망연자실한 상태가 되었다. 특히 비테와 통역사가 큰 충격을 받은 듯 했다. 왜냐하면 고무라가 프랑스어를 못한다고 믿고 있었기 때문이다."

하나이 히토시 - 『국제 외교의 단계』

지금으로부터 약 백 년 전에 있었던 일이지만, 고무라 주타로와 비테의 고사에는 많은 시사가 함축되어 있다. 즉 '외교'는 사람이 행하지만, 그 성패는 그 외교를 담당하는 인물과 깊은 관련이 있다는 것이다.

과거를 아는 것은 미래를 내다보는 것. '온고지신'. 오래된 말이지만, 21세기인 현재야말로 이 말은 빛을 발하고 있다고 볼 수 있다. 가세 대사의 인터뷰에 생생하게 그려진 거장들의 모습과, 그들과 교섭을 가졌던 대사의 함축적인 말들은 그대로 일본의 미래를 향한 길잡이가 될 것이다.

지금도 일본은 진주만공격에 대해 '속이고 공격했다.'라는 트라우마에서 완전히 벗어나지는 못했다. 원폭 투하라고 하는 세계사에서도 드물게 보는 대량 학살을 미국이 실행한 배경에는 전쟁의 조기해결, 미군 병력 소모의 최소화, 인종 차별적 관념 등 여러 가지 요인이 있던 것은 두말할 것도 없다. 그렇지만 정책 의사 결정자들이 마지막으로 양심적인 '소동'을 부린 것은 '속이고 공격했다.'는 것에 대한 권선징악적인 관념이었을 것이다.

'속이고 공격했다.'라고 받아 들여져도 어쩔 수 없는 개전. 물론 '매직'이라 불리는 암호 해독기를 통해 미국 정부가 사전에 일본군의 진주만 공격을 알고 있으면서도 일부러 그것을 결행시킨 모략은 있었다고 해도, 사람은 그 행동으로 평가된다. 국가 역시 마찬가지다. 그 행동이 결과적으로 '속이고 공격했다.'라고 취급된다면, 그것은 역시 어떤 잘못이 일본 측에 있었다는 뜻일 것이다.

제2차 세계대전 후의 미일 관계

제2차 세계대전 후의 미일 관계는 통상문제에서 비롯된 몇 번의 위기가 있었다고 해도 결국은 하나의 커다란 물살 속 작은 소용돌이에 불과했다. 오키나와 반환에 의해 미일 관계는 '동조'했다. 같은 주파수로 역사에 그 존재를 발신해 왔다. 2003년 부시 정권에 의한 이라크 침공을 제1차 고이즈미 내각이 적극적으로 승인함으로서 현재의 미일 관계는 아주 원활하다. 그러나 단순한 동조가 결코 진정한 동맹 관계를 의미하는 것은 아니다.

미국은 변화한다. 끊임없이 변화하는 그 모습이야말로 미국의 원동력이다. 그 변화를 가져오는 큰 요인은 아메리카 드림으로 상징되는 구조, 즉 실력만 있으면 인정받는다고 하는 누구에게나 열려있는 다이내믹한 사회 구조에 있다. 그러나 이른바 2001년 9월 11일에 세계무역센터 빌딩을 붕괴시킨 동시다발적 테러로 인해 마음에 깊은 상처를 입은 미국은 이라크를 침공하여 승리를 거두지만 그 전후 처리에 시간이 걸렸고, 또 개전 이유였던 대량 살상 무기를 발견하지 못한 부시 정권은 곤경에 처했다.

미국은 다시 '먼로주의'로 되돌아갈지도 모른다. 혹은 국내의 불만을 잠재우기 위해 새로운 적을 설정하여 전쟁을 시작할지도 모른다. 그때 우리는 고민 많은 동맹국에게 무엇을 시사해 줄 수 있을까? '동조'가 아니라 '간언'도 할 수 있는 관계가 될 수 있을까?

일본 외교의 본질은 따져보면 역시 미일 관계로 귀착된다. 앞으로 일본 외교가 나아갈 길은, 피후견인이었던 미성년자 일본이 성인이 되어, 후견인이던 미국의 고뇌를 자신의 문제로 이해하고 그들의 의사결정에 어떠한 시사점을 줄 수 있는 존재로 성장해 나가는 것이다.

오카자키 히사히코 전 태국 대사는 "평소부터, 유사시에 미국 국민의 기대를 저버리지 않는다는 보장과 신뢰감을 갖고 있는지가 일본이 살아남는 관건이기 때문입니다."(『일본외교의 분수령』)라고 했다. 그러나 그 신뢰를 공고히 하려면 종래의 방식대로 미국에 동조만 하지 않는 존재로 스스로 성장해 나아갈 필요가 있다.

이라크 전후 부흥은 '성공한 일본 점령을 모델로'라고, 이라크 침공 전에 한창 시끄럽게 떠들어댔다. 그러나 부흥은 결코 성공했다고는 할 수 없는 상황에 빠져있다. 어째서일까? 그것은 후세인 정권 타도라는 명분 아래, 동시에 행정 조직도 파괴해 버린 것에 하나의 원인이 있을 것이다. 국민 스스로의 의사 반영이 이루어지고, 거기에 '외교'가 존재하지 않는 상황에서의 부흥은 어려움을 겪을 수 있다는 것은 쉽게 상상이 간다. '일본 점령을 모델로'라고 하면서도 그것은 전혀 닮지 않은 것이었다. 일본의 무조건 항복은 '일본 군대'가 한 것이지, 일본 정부가 무조건 항복한 것은 아니었다.

게다가 GHQ와 교섭한다고 하는 내정 하에서의 '외교' 교섭을 해, 일본은 국가로서의 틀을 유지하며 전후 부흥을 이룩했다. '외교'는 결코 거창한 국가 간 의식의 장에서만 이루어지는 것이 아니다. 날마다 세밀한 절충에 의해 형성되는 국가 의사의 반영이다.

고무라 주타로가 포츠머스에서 보여준 그 인간력. 가세 대사가 100세인 지금도 온 몸으로 발산하는 아우라 같은 빛. 외교는 사람과 사람 사이의 승부이다. 사람이 인격을 닦듯 일본도 국격을 갈고닦아, 성인으로서 존경받을 수 있는 행동거지를 보이기 위해서 우리는 무엇을 생각해야 하는가. 가세 대사로부터 배운 것은 상당히 크다.

역사에서 배우다

스스로 생각하고 행동하는 힘. 교육 목표 같지만 전후 점령군에게 보여준 요시다 시게루의 구상력과 교섭력을 일본 외교는 다시 습득해 나가야 할 것이다. 그것이야말로 진정한 미일 관계를 구축하고 국익을 지킨다는 외교의 본질에 가장 부합하는 것이 될 것이다.

그러기 위해서는 무엇을 해야 하는가. 그것은 역사를 배우는 것, 정확히 말하면 '역사에서 배우는 것'일 거라고 생각한다. 선인들의 지혜를 배우고,

실패를 배우고, 선배들의 이야기를 듣는다. '올바른' 역사 인식이 세상에서는 화제가 되지만, 무엇이 '올바른' 것인지 그것을 스스로 생각해서 골라내는 힘을 국민 개개인이 익혀나가는 것, 또 몸에 익을 수 있는 환경을 만들어 가는 것이 '외교'를 논하기 전에 우리 국제 관계를 배우는 사람들이 형성해 나가야 할 책무라고 생각한다.

각종 NGO, NPO 활약을 열거할 필요도 없이, 이제 '외교'는 직업(프로) 외교관 만의 것이 아니다. 그렇지만 아마추어(비전문가) 외교에는 스스로 손을 쓸 수 있는 한계가 있고, 섣불리 손을 대다가는 앞에서 이야기한 「미일양해안」처럼 국가의 운명을 좌지우지하는 사태를 초래할 가능성도 있어, 절대로 아마추어만으로 모든 것을 다 할 수 있는 것도 아니다.

21세기형 외교란, 전문 지식과 경험을 가진 전문가 외교관과 열의와 특수 기능을 가진 비전문가(NGO나 NPO, 민간 기업까지 포함한 광범위한 개념)가 반목하는 것이 아니라, 함께 협력하여 만들어 가는 것이라고 생각한다. 그 시작으로 많은 NGO, NPO의 참여도 포함한 지구 환경 문제에 관련 포럼을 일본에서 개최하여 1997년 「기후 변화 협약에 대한 교토 의정서」(교토 의정서) 로서 결실을 맺은 것을 들 수 있다. 2002년에는 한일 축구 월드컵이 공동 주최되어, 양국이 열광의 도가니에 빠졌던 기억이 새롭다. 2005년에는 1985년 '쓰쿠바 과학 박람회' 이래 20년 만에 '아이치 만국 박람회'가 개최되었다. 많은 해외 인사를 한자리에 맞이할 수 있는 기회도 늘어 더한층 전문가와 비전문가의 울타리를 넘어선 협력이 필요하게 될 것이다.

이러한 시대 배경 하에서 우리는 무엇을 해야 하는가? 이를 위해 다음과 같은 제언을 하고자 한다.

제언 ① '역사'를 역행해서 배울 것

외교란 사람이라고 했다. 사람을 만드는 것은 (가정·사회) 환경과 교육이다. 앞으로의 바람직한 일본 외교가 전문가와 비전문가의 협력이라면, 거기에는 양측이 공동의 기반에서 논의할 수 있는 지적 토양을 개개인들 안에 양성해 두는 것이 정말로 중요하다.

그리고 그것은 단순한 백과사전적인 역사 교육이어서는 안 된다.『세계사의 탄생』이라는 오카다 히데히로 씨의 명저가 있지만, 결코 '역사'는 자연발생적으로 일직선에 하나의 국가만 형성되어 온 것은 아니다. 민족 간·국가 간의 상호 의존 작용의 결과로서 정치적·경제적·문화적 긴장감이 생겨나고, 그 해결을 하기 위하여 '외교'가 필요해지고, 다양한 요인들이 동시 병행적으로 혹은 우발적으로 겹쳐져 역사적 현상이 되는 것이다. 그 중층적, 동시 병행적 현상을 어떤 뜻을 가지고 하나의 흐름 속에서 '해석'하여 순서대로 나열한 것이 이른바 교과서적인 '역사'이다. 예를 들어 사마천으로 대표되는 중국사 = 중국왕조사는 '역사' 그 자체이다.

이 역사를 교과서적인 순서가 아니라, 동시 병행적인 국제 관계의 맥락 속에서 살피고 한편으로는 역행해서 배워 보자는 것이 첫 번째 제언이다.

물론 오스트랄로피테쿠스나 북경 원인을 배우는 것도 중요한 교양이고, 인류가 어디에서 와서 어디로 가는가 하는 철학의 근본 주제에 깊게 관계된 과제이기는 하다. 그렇지만 '현재'를 살아가는 우리에게 있어서는 왜 일본은 지금 이 같은 상황에 있는지, 그리고 앞으로 어떻게 해 나가야 하는지에 대한 과제 해결용 메뉴의 제시가 보다 중요하게 되었고, 그것은 누군가에게 주어진 과거로부터의 일직선적인 역사관에서는 절대로 만들어지지 않는 것이다.

예를 들어 미군의 이라크 침공은 왜 일어났는가? 동시 다발 테러의 보복인가? 그러면 왜 동시 다발 테러가 발생했는가? 미국과 이슬람 과격파조직의 반목 때문인가? 왜 반목하는가? 미국이 이스라엘을 지원하기 때문일까? 왜 미국은 이스라엘을 지원하는가? 왜 이스라엘과 이슬람 과격파는대립하는가? 팔레스타인 문제가 있기 때문인가? 팔레스타인 문제는 왜 생겼는가…….

예를 들어 왜 고이즈미 수상은 부시 대통령 사저 목장에 초대 받았나? 이라크 침공에 찬성의 뜻을 표명했기 때문일까? 왜 찬성했는가? 미일 관계를 중시했기 때문일까? 왜 미일 관계는 그렇게 중요한가? 안보상의 근간을 이루기 때문일까? 왜 근간을 이룰까? 무엇이 미일관계를 결정지은것인가? 패전인가? 왜 진 걸까? 애초에 왜 전쟁을 한 것일까…… 등등.

'왜'라는 의문을 갖는 것이 학습의 첫걸음이다. 과거부터 시작되는 일직선상의 역사는 암기에 불과하다. 이 '왜'라는 이름의 괭이로 땅을 고른 지적 토양이 머지않아 전문가와 비전문가의 외교 협력이라는 꽃을 피우는중요한 영양분이 된다.

제언 ② '안전보장'을 배울 것

민족 간·국가 간 상호 의존 작용의 결과로 생긴 긴장감이 외교에 의해완화되지 않고, 다른 대안이 없는 가운데 그 긴장이 최고조로 달한 상황에서 '전쟁'이라는 수단을 택해 왔다. 극단적으로 평화란 전쟁과 전쟁 사이의

잠깐 동안의 '평온' 상태이므로 전쟁을 배우지 않고서는 역사를 말할 수 없다.

전쟁을 배우는 것은 전쟁을 피하는 수단인 '안전보장'을 배우는 것이다. 일본의 교육에서는, 이 안전보장 문제-본래는 단순히 군사 문제만이 아닌 넓은 개념-가 아무래도 군사 문제로 파악되기 십상이기 때문에 기피하는 경향이 있었다. 평화를 배우기 위해서는 그 평화를 위협하는 현상과 대처 방법을 배워야 이를 이해한 것이 된다. '평온'은 일정하여 변하지 않는 바다 상태를 말하는 것이 아니다. 바다는 파도가 밀려왔다 밀려가는 모습을 보아야 비로소 이해할 수 있는 것이다.

제언 ③ 제언 ①과 ②를 실현할 수 있는 장을 전문 외교관이 솔선해서 마련할 것

앞으로 일본 외교는 '왜'라고 하는 괭이로 땅을 고른 지적 토양에, 안전보장이라는 씨앗을 뿌려 전문가 외교와 비전문가 외교가 협력이라는 꽃을 피워야 한다고 이야기했다. 그런데 그 '장'을 누가 제공하는가? 비전문가가 활약하는 범위와 그 능력의 한계를 생각하면 전문가인 외교관(=외무성), 즉 국가 전략으로서 정부가 준비하는 것이 필요하다.

외무성은 요즈음 불미스러운 일로 혼란스럽다. 외교에 종사하는 집단임에도 불구하고 매우 '내향적'인 것이 원인 중 하나다. 외교 백서와 외무성의 홈페이지 등 대외 광고 활동에서는 일부 노력한 흔적을 엿볼 수 있지만 어디까지나 광고 활동의 일환이고, 지적 토양을 형성하려는 보다 적극적인 자세와는 거리가 멀다는 느낌이다.

외무성이 미래의 외교관을 기르겠다는 사명감으로 지적 토양을 형성할 수 있는 적극적인 시책을 주도적으로 만들어 주었으면 한다. 이것은 외무성의 체질 개선을 위해서도 상당히 효과적인 시책이라고 생각한다. 물론 나 자신도 최대한 외무성에 협력하여 진지하게 대처할 생각이다.

외교의 종류는 크게 국제 사회의 변동에 대응하는 '반응형' 외교와 국제적인 환경을 스스로 바람직한 방향으로 창조하는 '형성형' 외교 두 가지가 있다(다나카 아키히코 도쿄대 동양문화연구소장 〈2003년 9월 6일자 요미우리신문에서〉)고 한다. 고이즈미 내각은 부시 정권에 대한 신속한 지지 등, 그 반응에 장점이 있다는 특징이 있다. 그러나 앞으로 일본 외교가 나아갈 길은 후자인 '형성형'에 있을 것이다.

이제는 무언가를 따라잡으려는 시대가 아니다. 21세기는 스스로 창조하는 외교를 지향하는 시대이다. 군사력이 뒷받침되지 않는 상황에서 무엇을 할 수 있겠는가 하는 논의는 궤변이다. 자위대라는 군을 가지고 세계 질서에 어떻게 관여해 나갈 것인가, 군사력 이외의 안전 보장은 무엇인가. 스스로 리더십을 발휘하여 마무리 지은 지구 환경 문제 해결을 위한 「교토의정서」라는 과실도 서서히 익어가고 있다.

스스로 생각하고 창조하는 '외교', 전문가와 비전문가가 협력하고 실현해 가는 세계를 우리는 목표로 삼아야 한다.

후기

때로는 세상에 '보기 드문 사람'이 나오기도 한다.

이 책은 격동의 시대를 살아온 유일한 외교관이라 불리는 가세 도시카즈 대사의 백 년 인생을 그리는 것을 목적으로 한 것이다. 따라서 '인물'을 세로축으로, '역사'를 가로축으로 삼아 인간 가세 도시카즈를 그리려고 했다. 그것이 제1장과 제2장에 거론되었다.

제3장부터는 하나이 씨가 보충한 내용으로 이루어졌다.

가세대사는 올해(2004년) 101세지만 지금도 기력이 정정하다. 부친에 대해 자세히 알고 있는 평론가 가세 히데아키 씨에게도 군데군데 보충하여 달라고 하였다.

원래는 "아버지와 아들이 대담하는 것이 어떨지." 하고 몇 번이나 권했지만, 히데아키 씨는 완강하게 "부친과의 대담은 쑥스럽고 부담스러워서 할 수 없습니다. 하나이 씨가 하는 것이 훨씬 낫습니다."라고 해서 지금의 책이 나온 것이다.

가세 대사는 처칠, 스탈린, 히틀러, 무솔리니 등 평가가 좋든 나쁘든 20세기를 뒤흔든 거물들을 직접 아는, 일본뿐 아니라 세계에서도 '유일한 외교관'이다. 특히 삼국동맹, 대동아 전쟁의 개전 전야 등 일본의 운명이 걸렸을 때 외무대신 비서관, 외무성 미국과장 등 가장 중요한 위치에 있었다.

그러므로 고노에 후미마로, 마쓰오카 요스케, 요시다 시게루, 시게미쓰 마모루 등과 함께 필사적으로 일본의 생존을 지키려고 했다. 그러나 일본은 패했다. 그럼에도 가세 대사는 제2차 세계대전 후 외무성에서 일본의 부흥에 힘쓰고, 일본의 국제연합 복귀와 함께 최초의 국제연합 대사가 되어 일본을 국제 사회로 이끌었다.

대사는 외무성을 떠난 뒤에도 요시다 시게루, 사토 에이사쿠, 기시 노부스케 등 이른바 '요시다 학교'의 고문을 지냈다. 특히 글을 쓰는 것이 서툰 요시다 씨를 대신해 그의 원고는 모두 가세 씨가 썼다. 이런 일들은 세상 모두가 알게 되었고 "요시다의 숨겨진 필자는 가세다."라고 널리 알려지게 되었다.

가세 씨는 늘 '외교관', '대학교수', '저술가' 이 세 가지를 하고 싶었다고 했는데, 내가 보기에 이 세 가지를 모두 완벽하게 성공적으로 해냈으니 그 노력에 깊은 경의를 표하고 싶다. 예순 여덟인 나는 큰 용기를 얻었다. 어느 것 하나 변변하지 않은 나와 달리 그는 외교관으로서 멋지게 활약했고, 교육자로서도 게이오대학, 국제상과대학(현 도쿄국제대학), 교토외국어대학에서 교단에 섰고, 어느 학교에서나 학생들로부터 높은 평가를 받았다. 그러니까 가세 씨는 적어도 보통 사람의 열 배, 스무 배는 살았다고 할 수 있다.

요즈음 가마쿠라에서 유유자적한 생활을 보내고 계시지만, 여전히 책을 써서 출판하려는 그분을 보며, 다시금 깊은 경의를 표한다. 저서 50여 권, 거기에 숨겨진 작가로서의 분량까지 포함하면 실로 방대한 양이 되는데 그것이 지금도 통용되고 있다는 것이 놀라울 따름이다.

이 책의 목적은 가세 도시카즈라는 '인물'과 그리고 그 '역사', 즉 그 배경이 되는 일본 외교사를 지금 다시 한 번 끄집어내는 것이다. 평소 경애하는 가세 씨를 세상에 이야기할 자리를 만들고 싶다는 것이 나의 소원이었고, 그것이 성공했는지 실패했는지는 독자에게 맡긴다 해도, 적어도 나의 목적은 달성했다.

대담을 하기 위해 한동안 가마쿠라에 있는 대사 댁에 다녔던 일은 지금은 즐거운 추억으로 남아있다. 모라로지연구소 출판부의 노노무라 모리하루 씨, 가시마 료신 씨에게 감사를 드리고 싶다.

2004년 5월 10일

하나이 히토시

미주

1 시게미쓰 마모루(重光葵): 1887~1957. 외교관. 오이타현 출생. 1911년 외무성 입성. 31년
  주중특명전권공사. 32년 4월 29일 상해사건 정전교섭 중 천장절 축하회장에서 한국인 윤
  봉길이 던진 폭탄에 중상을 입어 오른쪽 다리를 대퇴부까지 잃음. 45년 4월 칙선 귀족원의
  원. 8월17일 히가시쿠니 나루히코(東久邇稔彦) 내각 외무대신. 9월 2일 미주리호 함상에서
  항복 문서에 조인. 전범으로 스가모 구치소에 수감. 50년 가석방. 52년 개진당 총재. 54년
  12월 하토야마 이치로(鳩山一浪) 내각 부총리 · 외무대신. 그 후 제2차, 제3차 하토야마 내
  각에서도 유임.

2 맥아더(Douglas MacArthur): 1880~1964. 연합국 군최고사령관(SCAP)으로서 점령하
  의 일본에 5년 8개월 간, 말 그대로 군림한 미국의 육군 원수. 아칸소주 리틀록 출생. 조부
  부터 육군 장군의 가계. 육군사관학교 수석 졸업. 동교 교장, 소장 승진, 육군참모총장 취임
  모두 최연소 기록. 41년 7월 미국 극동군 사령관. 일본의 항복과 함께 연합군 최고사령관 ·
  미국 극동군 최고사령관. 점령하 일본의 지배자로서 히비야 제1생명빌딩에 총사령부(GHQ)
  를 둠.

3 우메즈 요시지로(梅津美治郎): 1882~1946. 육군 군인. 오이타현 출생. 1903년 육군사관
  학교 졸업. 러일전쟁 종군. 11년 육군대학교를 수석 졸업. 참모본부 부원이 됨. 31년 참모본
  부 총무부장. 34년 중국 주둔군 사령관으로 텐진에 부임. 36년 육군 차관. 39년 중장이지만
  관동군사령관 겸 만주전권대사에 발탁. 40년 대장. 44년 마지막 참모총장에 취임. 45년 9월
  2일, 대본영 대표로 항복 문서에 조인. 극동군사재판에서 A급 전범. 종신 금고. 49년 복역
  중에 사망.

4 대동아회의
  1943년 11월5일과 6일 도쿄에서 열린 아시아제국수뇌회의. 대본영 정부연락회의가 개최를
  결정. 이에 앞서 도조 히데키(東條英機) 수상이 동남아시아 각국을 순회했다. 대동아회의에
  는 도조 수상을 비롯, 태국 수상 왕와이 다야콘 전하, 필리핀의 라우렐 대통령, 미얀마의 바
  마우 수상, 중화민국 남경정부의 왕자오밍 행정원장, 만주제국의 장징후이 국무총리, 인도
  네시아의 수카르노, 하타 두 독립운동 지도자와 자유인도임시정부의 찬드라 보스 대표가 참
  가했다. 6일, '대동아전쟁의 완수, 미영으로부터의 해방, 공존공영의 건설, 자주독립의 존중
  과 호조돈목, 전통의 존중과 민족 창조성의 신장, 호혜제휴번영의 증진, 인종 차별 철폐, 문

화 교류와 자원 해방에 의한 대동아건설' 등을 주창한 공동 선언이 발표되었다.

5 대서양헌장
1941년 8월 14일, 미국 대통령 프랭클린 루즈벨트와 대영제국 수상 윈스턴 처칠의 대서양
상 회의의 결과로 발표된 공동 선언. 영토 불확대, 정치 형태 선택의 자유, 공해의 자유, 무
력행사의 방기, 침략국의 무장 해제 등 제2차 세계대전 및 전후 세계의 지도 원칙을 명확히
한 것으로 되어 있지만, 그 후의 행동이나 발언, 내용을 음미해 보면 구미열강의 에고이즘이
드러난다.

6 오카자키 가쓰오(岡崎勝男): 1897~1965. 외교관. 도쿄 출신. 1922년 도쿄제국대학 졸업.
37년 아모이(현 샤먼), 38년 광동, 39년 홍콩의 각 총영사. 45년 외무성 조사국장 당시 연
합군의 일본 진주에 대해 미군과 연락하기 위해 참모차장 가와베 도라지로(河辺虎四郎) 육
군 중장의 수행원으로 마닐라에 동행. 귀국 후 종전연락중앙사무국 장관이 되어 종전 사무
에 진력. 외무차관을 거쳐 정계 입문. 49년 이후 세 번에 걸쳐 중의원 의원에 당선. 강골의
선비로 요시다 시게루의 총애를 받아 내각 관방장관, 외무대신 등을 역임.

7 하나이 다쿠조(花井卓蔵): 1868~1931. 메이지 · 다이쇼 시대의 변호사 · 정치가. 히로시마
현 출신. 영국법률학교(현 중앙대학교) 졸업. 히비야 방화사건, 대역사건 등의 변호를 담당.
법조계에서 형사 사건 변호의 권위자로서 민사의 하라 요시미치(原嘉道)와 쌍벽을 이뤘고,
도쿄변호사회 회장 · 중앙대 강사 등을 역임. 1898년 이후 당선 7회. 1902년 보통선거법안
제출자 중 한 명. 15년 중의원 부의장. 22년 귀족원 의원.

8 이노 다다타카(伊能忠敬): 1745~1818. 에도 후기의 측량가. 시모우사노쿠니 출생. 18세
때 사와라의 명문 사와라가(佐原家)에 입적, 가업인 주조와 미곡 거래에 재능을 발휘. 후
에 촌장이 되자 사재를 털어 마을 일에 힘을 써, 성씨를 쓰고 칼을 지니는 것을 허락받았다.
1794년 집안의 후계를 장남인 가게타카(景敬)에게 물려주고 은거. 서양천문학을 공부했고
또한 혼자 천문관측을 실시했다. 이어서 지도 제작에 뜻을 두어 1800년 막부의 명령을 받고
에조(홋카이도) 남부를 측량. 이후 17년간 측량에 종사. 1816년 전국의 연안 측량을 종료.
사후인 1821년 「일본연해여지전도」를 막부에 상정.

9 시데하라 기주로(幣原喜重郎): 1872~1951. 무쓰 무네미쓰, 고무라 주타로, 요시다 시게루
등과 쌍벽을 이루는 일본의 대표적 외교관. 오사카부 출신. 도쿄제국대 졸업. 1919년 미국
주재 특명 전권 대사. 24년 가토 다카아키 내각 외무대신. 이후 내각의 외무대신 역임. 중국
의 내정불간섭, 협조주의, 합리주의, 평화주의를 표방. 그러나 군부 등의 반감을 사서「연약

외교」라 비난 받고, 만주사변수급에 실패한 제2차 와카쓰키 내각의 붕괴와 함께 하야. 전후 GHQ와 대화할 수 있는 최적임자로서 일약 총리대신에 임명. 약 6개월의 단명이기는 했지만 전후 처리와 신일본 건설에 공헌.

10 조지프 케네디(Joseph P. Kennedy): 1888~1969. 미국 실업가. 민주당 정치가. 메사추세츠주 이스트 보스턴 출신. 하버드 대학 졸업. 1840년대에 아일랜드에서 보스턴으로 이주한 이민의 자손. 아버지 패트릭 케네디 주니어는 술집 주인에서 정계로 진출. 4남5녀의 아버지. 증권거래위원장. 보스턴 시장. 37년 주영대사.

11 스탈린(Iosif Vissarionovich Stalin): 1879~1953. 구소련의 정치가. 소련공산당 중앙위원회 서기장. 조지아의 구두장인 가정에서 태어남. 1898년 러시아 사회민주노동당(후의 소련공산당) 입당. 1922년 당중앙위원회 서기장. 그 지위를 종신토록 유지. 41년 독일 소련 간의 전쟁이 시작되자 미영과의 연합을 적극적으로 추진, 미영 양 수뇌와 테헤란, 얄타, 포츠담 등에서 회담을 하고, 전쟁 지도와 전후 처리에서 중요한 역할을 담당. 45년 대원수. 제2차 대전의 승리가 명망을 높였고, 이후 독재적 권력을 행사. 사후에 국가를 정체시켰다는 비판을 받음.

12 처칠(Winston Leonard Spencer Churchill): 1874~1965. 영국의 정치가. 샌드허스트 육군사관학교 졸업. 기병장교로 인도군에 근무. 보어전쟁에 특파원으로 종군. 포로가 된 뒤 탈주한 것으로 이름을 날렸고, 1900년에 하원에 입성하였다. 04년에 자유당으로 옮김. 40년 수상 취임. 영국민에게 이 전쟁을 이겨내는 사명을 떠맡을 것을 장중한 언어로 호소하는 한편, 미국 루즈벨트 대통령과 사적 서신을 교환하며 미영 협력관계를 강화. 41년 8월에는 미국과 함께 대서양헌장을 발표하여, 전쟁의 목적을 확실히 했다.

13 마쓰오카 요스케(松岡洋右): 1880~1946. 야마구치현 출신. 13세 봄에 도미. 22세까지 약 10년간을 미국에서 지냄. 접시닦이 등의 고학 생활을 하면서 오리건주립대학 법학부를 2등으로 졸업. 1902년 귀국. 04년 외교관 시험에 수석 합격. '대륙파' 외교관. 그 후 정우회 중의원. '자주외교'를 표방하고, 시데하라 외교를 연약하다고 비판. 얼마 안 있어 만주사변 발발. 33년 3월 27일 일본은 국제연맹을 탈퇴. 그때의 태도를 가지고 '국민적 영웅'이 됨. 35년 남만주철도 총재 취임. 40년 제2차 고노에 후미마로 내각의 외무대신.

14 일소중립조약
1941년 4월 13일 조인. 일본과 소비에트연방간의 중립 조약. 마쓰오카 요스케 외상과 조셉 스탈린 소련 수상이 모스크바에서 조인. 상호불가침 및 한 쪽이 제3국의 군사행동의 대상이 될 경우 다른 한 쪽은 중립을 취하기로 정했음. 유효기간은 5년. 당시 일본은 남진정책 때문에 소련과 불가침조약 을 고려. 처음에 소련은 응하지 않았으나 독일의 대소전쟁 기도를 알고 일본의 제안을 수락. 45년 4월 소련은 기간 불연장을 일본에 통고. 8월 8일 소련은 얄타협정에 의거 일본에 선전포고를 했고, 파기되었다.

15 일 · 독 · 이 삼국동맹: 1940년 9월 27일 일본, 독일, 이탈리아 사이에 체결된 군사동맹. 일 · 독 · 이 삼국군사동맹이라고도 함. 일 · 독 · 이 삼국방공협정으로 유대가 깊어진 세 나라가, 제2차 세계대전 하에서 강하게 손을 잡은 것. 동맹조약으로 유럽과 아시아에서의 지도권을 서로 인정, 중일전쟁과 세계대전에 참가하지 않는 나라의 공격에 대해 삼국은 상호 협력해서 싸울 것을 결정했다.

16 고노에 후미마로(近衛文麿): 1891~1945. 정치가. 내각총리대신(1937~39, 40~41). 5섭가의 필두 고노에 가의 장남. 도쿄 출생. 도쿄제국대학에서 교토제국대학으로 옮김. 1916년 귀족원 의원. 19년 파리강화회의 참석. 37년 첫 조각. 노구교 사건 때문에 중일전쟁의 수렁에 빠짐. 40년 제2차 내각 조각. 대정익찬회 설립. 외무대신에 마쓰오카 요스케. 일 · 독 · 이 삼국군사동맹 체결. 그러나 대미 교섭에서 마쓰오카의 강경론을 우려해 제3차 내각을 조각하고 평화를 회복하려 했으나 실패. 41년 사직.

17 노무라 기치사부로(野村吉三朗): 1877~1946. 와카야마현 출신. 1898년 해군병학교 졸업. 해군양식파의 대표로 다이쇼 · 쇼와기의 국운을 걸고 국제회의에 참가. 아베 노부유키 내각의 외무대신 및 대동아전쟁 직전의 주미대사로 미일관계의 개선에 전력을 다했지만 불운하게도 전쟁이 시작되어 유종의 미를 거두지 못했다. 1941년의 미일교섭에서는 지미파의 성실한 제독대사로서 성공을 기대했으나 내외의 강경파에 압도당해, 뜻한 바와 달리 '진주만 기습'의 오점을 남기게 되었다. 전후 자민당에서 출마해 참의원 의원이 되었다.

18 요시다 시게루(吉田茂): 1878~1967. 인생의 대부분을 외교관으로 보냈지만 대동아전쟁 후 수상이 되어 전후 일본의 방향을 결정하는 데 커다란 역할을 완수했다. 도쿄 출생, 해상운송업자인 부호 요시다 겐조의 양자로 자랐다. 1906년 도쿄제국대학 졸업, 외교관 시험에 합격. 외무차관(28~30), 영국 대사(36~39) 등을 역임. 39년 관직에서 물러남. 영미와의 협력 필요성을 확신하고 있어서 국제연맹 탈퇴, 독일과의 제휴라고 하는 30년대의 외교노선을 일관되게 반대. 전쟁 말기에는 화평공작을 시도했다.

19 오쿠보 도시미치(大久保利通): 1830~78. 막부 말기, 메이지 초기의 정치가. 사쓰마번 출신. 번사 오쿠보 도시오의 장남으로 태어남. 1862년 시마즈 히사미쓰의 공무합체, 막부정치

기획에 참여. 63년 번주의 가정을 담당하는 오소바야쿠로 승진. 사쓰에이전쟁에 종군. 67년 11월 9일 요시노부가 대정봉환을 하자 번론을 무력도막으로 정리, 이와쿠라 도모미와 손을 잡고 68년 1월 3일 왕정복고 쿠데타를 감행. 68년 메이지 신정부에 참여. 내국사무계, 총재국 고문을 역임. 신정부의 중심이 되어 기초 다지기에 주력. 오쿠보의 손녀가 요시다 시게루의 아내.

20 히로타 고키(広田弘毅): 1878~1948. 외교관, 정치가. 후쿠오카시 출생. 슈류칸중학, 일고를 거쳐 1905년 도쿄대 법과 졸업. 06년 외무성에 입성, 22년 정보부 차장. 23년 구미국장. 30년 주소련대사 등을 역임. 33년 사이토 마코토 내각의 외상이 되고 이어서 오카다 게이스케 내각에 유임, 그 사이 35년에는 히로타 3원칙(배일정지 · 만주국 승인 · 공동 방공)을 제시해 중일 국교의 조정에 힘썼다. 36년 2 · 26 사건 후 내각을 조직(수상, 외상 겸임)하고, 군비 증강을 축으로 하는 '서정일신'의 방침을 취했다. 그 후 37년, 고노에 후미마로 내각의 외상으로서 중일전쟁을 추진. 귀족의원, 내각 참모가 되어 패전까지 중신의 한 명으로서, 전쟁 종결을 위해 소비에트를 중개로 하는 화평공작을 꾀했으나 실패로 끝났다. 패전 후 A급 전범으로 지명되어 극동국제군사재판에서 문관으로서는 유일하게 교수형을 선고받고 48년 12월 처형되었다.

21 도고 시게노리(東郷茂德): 1882~1950. 가고시마현 히오키군 출신. 외교관. 1912년 외교관 시험에 합격. 외무성에 입성. 13년 중국 펑텐(현 선양)총영사관 영사관보. 재스위스공사관 3등서기관. 베를린 주재. 23년 구미국 제1과장. 25년 12월 재미대사관 1등서기관. 29년 재독대사관 참사관. 하숙집의 독일인 여성 에디타(도고 에디)와 결혼. 33년 구미국장. 34년 구라파아시아국장. 37년 주독대사. 38년 주소련대사. 41~42년 외무대신 겸 척무대신(도조 히데키 내각). 귀족원 의원(칙선). 45년 4~8월 외무대신(스즈키 간타로 내각). 46년 A급 전범으로 극동국제군사재판소에 기소됨. 48년 금고 20년의 판결을 받음. 스가모 구치소에서 복역. 50년 7월 23일 미육군병원(현 성루카국제병원)에서 병사. 저작『시대의 일면』(1952년, 가이조샤)

22 외무성 입성 후 연수 때 전공한 외국어에 따른 외무성내의 세력 분야.

23 마키노 노부아키(牧野伸顕): 1861~1949. 오쿠보 도시미치의 차남으로 가고시마에서 태어남. 1871년 도미. 3년 가까이 유학. 1913~14년 제1차 야마모토 곤노효우에 내각에서 외무대신. 중일 친선강화에 도움이 되는 합리적인 중국 정책의 전개를 의도. 19년 파리강화회의의 실질적인 지휘자. 회의석상에서 인종 평등의 원칙을 연맹 규약 안에 삽입할 것을 주장. 결국은 성공하지 못했으나 이 인종차별 철폐문제의 주장은 비백색인종, 식민지예속민족에

게 정신적 고무를 주어, 오랫동안 그들의 기억에 남게 되었다. 요시다 시게루는 사위.

24 하토야마 이치로(鳩山一郎): 1883~1959. 정치가. 도쿄도(東京都) 출신, 1907년 도쿄제국
대학 졸업. 변호사. 1915년 32세로 중의원. 정우회 소속.   제2차 세계대전 시에는 일관되
게 익찬(翼贊) 체제에 반대함. 1945년 일본자유당을 창립하고 총재에 취임. 하토야마 내각
조각 직전에 공직에서 추방됨. 1955년 보수 연합. 자유민주당 초대 총재. 1956년 10월 일
소공동선언. 12월 국제연합 가입. 대내적으로는 보수연합, 대외적으로는 일소 국교회복과
국제연합 가입이라는 큰 업적을 남기고 정계에서 은퇴. 1959년 3월 7일 사망.

25 기시 노부스케(岸信介): 1896~1987. 정치가. 야마구치현 출신. 외무대신으로서의 경력은
이시바시 단잔(石橋湛山) 내각(1956. 12. 23.~1960. 2. 24.)에서의 단기간. 그 직후에 스
스로 조각. 수상으로서 1956년 2월부터 1960년 7월까지 외교 분야에서 지도적인 역할을
함. 기시 내각 성립을 전후해 새로이 일본에 부임한 맥아더 2세 대사와 함께 미일안전보장
조약 개정에 착수. 야당의 강한 반대를 무릅쓰고 개정 실현.

26 사토 에이사쿠(佐藤英作): 1901~1975. 정치가. 야마구치현 출신. 둘째 형이 기시 노부스
케 전 수상. 1924년 도쿄제국대학 졸업. 철도성 근무. 1946년 철도총국장관. 1947년 운수
사무차관. 1949년 중의원 당선, 1964년 11월 이케다 하야토(池田勇人) 수상이 병으로 은
퇴하자 수상 취임. 이후 7년 8개월에 이르는 장기 정권을 유지. 이 기간에 1965년 한일기본
조약 체결. 1970년 미일안보조약 자동연장, 1972년 '핵 없는 오키나와(沖繩)의, 본토 수준
의 전면 반환 정책'에 의한 오키나와 반환 실현. 1974년 수상 재임 중의 '비핵 3원칙' 등에
의해 노벨평화상 수상.

27 고노 이치로(河野一郎): 1898~1965. 정치가. 가나가와현 오다와라시 출신.   1923년에 와
세다대학 졸업 후 도쿄 아사히신문(東京朝日新聞) 기자. 1932년 이누카이 쓰요시(犬養毅)
내각 야마모토 데이지로(山本悌二郎) 농림상의 비서관. 같은 해 중의원 첫 당선, 하토야마
이치로의 일본자유당 결성에 힘을 씀. 추방 해제 후인 1951년부터 하토야마 내각 수립에 분
주, 요시다 시게루가 이끄는 자유당에 대항. 일본민주당 결성. 1954년 하토야마 내각 성립.
농림성 대신, 행정관리청 장관 등을 역임. 일소 교섭에서 주도적 역할을 함. 하토야마와 함
께 소련을 방문하여 일소 국교회복 실현. 정당 출신 실력자의 지위를 확립.

28 로이드 조지(David Lloyd George): 1863~1945. 영국의 정치가. 1884년 변호사로 개업
해 명성을 떨쳤다. 1890년 하원 의원. 자유당 급진파에 속하며 네빌 체임벌린의 제국주의
정책을 공격. 1909년 재무장관으로 부자의 부담을 증대하는 '인민 예산'을 제출. 1916년

아스키스 수상을 대리해 연합 내각을 조직, 전쟁 완수에 노력. 1919년 스스로 전권대사로 파리강화회의를 지도. 베르사유조약 조인. 1922년 보수당 다수의 이반으로 인해 사퇴. 1926년 자유당 당수로 사회개혁을 호소했으나 노동당의 진출로 실패.

29 존·F·케네디(John·F·Kennedy: 1917~1963. 제35대 미국 대통령. 하버드대학 졸업. 미국사상 최연소(43세)이며 가톨릭교도 대통령. 1952년 상원 의원. 1960년 대통령 선거에서 대접전 끝에 닉슨 공화당 후보를 물리치고 대통령이 된다. '뉴 프런티어'를 슬로건으로 내건 그의 젊음과 행동력, 이상주의는 국민에게 강렬한 인상을 주었다. 아이젠하워 전 정권의 핵전략('대량보복' 전략)을 비판. 유연 반응 전략을 채용. 지역 분쟁을 상정해 통상의 군사력도 강화했다. 1963년 11월 22일 텍사스 주 댈러스에서 암살자의 흉탄에 쓰러졌다.

30 프랭클린 루스벨트(Franklin Delano Roosevelt): 1882~1945. 미국 제32대 대통령. 뉴욕 주 하이드파크 출생. 하버드대학 졸업. 애칭은 FDR. 1933년부터 이른바 '뉴딜 정책'을 전개. 외교 면에서는 국무장관에 힘을 등용. 중일전쟁 확대에 따라 대일경제제재조치를 강화. 1941년 미일교섭이 진행되는 한편, 일본군의 진주만 공격으로 미일전쟁 발발. 1940년 대통령 3선 당선. 전쟁 중에는 '민주주의의 병기창'을 표방. 군수생산의 확대 등 강력한 시책을 폈다.

31 히틀러(Adolf Hitler): 1889~1945. 독일의 총통. 오스트리아 하급 세무관리의 아들. 일찍이 부모를 잃었다. 1914년 제1차 세계대전 시에 지원병으로 독일군에 입대. 1920년에는 제대. 직업 연설가가 되었다. 반유대주의, 반베르사유조약, 반민주공화제를 격한 어조로 주장, 당의 중심 인물이 된다. 32년에는 제1당, 33년 수상에 임명됨. 곧이어 일당독재체제를 정비. 미증유의 영웅으로 숭상되었다. 제2차 세계대전을 일으켜 동유럽을 지배하려고 획책했으나 실패.

32 세계 헌법사상 가장 발전된 헌법으로 인정받는 통칭「바이마르 헌법」을 상징으로 하는 제1차 세계대전 패전 후의 독일의 정치제제와 그 치세. 히틀러의 정권 획득에 따라 바이마르 공화국이 붕괴하기까지의 약 14년간을 가리킨다.

33 우시바 노부히코(牛場信彦): 1909~1984. 외교관. 효고현 출신. 1932년 도쿄제국대학 법학부 졸업. 같은 해 외무성에 들어감. 제2차 세계대전 이전에는 혁신파 소장 외교관으로 독·이·일 3국 군사동맹 체결 등에서 활약. 제2차 세계대전 이후에는 1957년 경제국장으로 가트(GATT, 관세 및 무역에 관한 일반협정) 도쿄총회 개최, 일소통상조약 체결 등. 1965년 한일기본조약. 1967년 외무사무차관. 1969년 주미 대사. 오키나와 반환 협상에 진력. 미일

섬유협상도 정리했다. 신뢰받는 인품으로, 자칫하면 감정적인 대립에 빠지기 쉬운 미일 관계 정상화를 외교 제일선에서 지휘.

34 이카와 다다오(井川忠雄): 1893~1947. 미일 개전 전에 있었던 '미일 교섭' 시에 일본 측 이면공작을 담당. 1936년 대장성을 떠나 산업조합중앙금고의 이사가 된다. 1940년부터 '고노에 신체제' 추진 그룹 등의 세력을 배경으로 육군의 무토 아키라(武藤章), 이와쿠로 히데오 등의 뜻을 받아들여 미일국교조정 이면공작에 종사하지만, 마쓰오카 요스케 외무대신 등과의 사이에 알력이 발생, 공작에 실패한다.

35 이와쿠로 히데오(岩畔豪雄): 1897~1970. 육군 소장, 히로시마현 출신. 1918년 육군대학교 졸업. 1932년 관동군 참모. 대만주사무국 사무관이 되어 '만주국' 건설의 정무를 담당. 1939~1941년까지 군무국 군사과장으로 중일전쟁의 조기 해결, 일·독·이 삼국동맹 체결, 동남아시아 방면으로의 진출 등 곤란한 여러 문제의 처리를 담당했다. 1941년 3월 노무라 기치사부로 주미 대사를 보좌하기 위해 미국에 특파. 그러나 협상은 막히고 말레이 작전에 참가. 1942년에 인도독립운동 원조공작 강화를 위해 이와쿠로 기관을 조직해 활약.

36 「미일양해안」
1941년 4월에 작성된 미일 교섭의 기초로 보이는 외교 안건. 긴장이 깊어지던 미일 관계의 타개책은 미일 외교 당국과는 아무 관계가 없는 것과 다름없는 가톨릭 메리놀회 대표인 월시 신부와 부대표인 드라우트 신부가 방일하여, 대장성 관료 출신인 고노에 후미마로와 가까운 이카와 다다오를 방문한 것에서 시작된다. 그 목적은 미일 국교의 조정이며, 미국은 동태평양, 일본은 서태평양을 분할지배하는 것은 어떤가를 여러 방면으로 돌아다니며 설명했다. 두 사람의 배후에는 미국 우정장관 워커가 있었으며, 워커에게 두 신부가 보고서를 제출. 워커와 노무라 대사가 회담을 하고 또 이카와가이 협상에 참가. 또한 이와쿠로 히데오 대좌가 미국에 부임해 사실상 이와쿠로가 크게 협력한다는 형태로 교섭을 진행했다. 미일 간의 커다란 문제는 중일전쟁의 해결, 일본의 삼국동맹의 사문화, 태평양 평화 확립 등인데, 4월 16일 기초문서내용이 만들어졌다. 이 양해안 성립에서 주목할 점은 외무 당국이 전혀 참여하지 않았던 것인데, 그 이상으로 중요한 것이 헐 국무장관이 4원칙(①모든 국가의 주권 존중, 영토불가침 ②내정불간섭 ③기회균등을 포함하는 평등원칙 ④태평양 질서 유지)을 제시한 점이다.

37 1941년 11월 미 국무장관 헐이 제시한 미국 측의 최종 제안. 일본의 중국 점령지역과 만주 전체의 포기, 왕징웨이의 남경 정권 방치, 중국·인도차이나로부터의 군대와 경찰 철수, 그리고 사실상의 삼국동맹의 사문화였다. 이는 지금까지의 미일 교섭의 경위를 전적으로 무시

하고 미국의 근본적인 주 장으로 회귀한 것으로 일본 측에 참으로 절망감을 안겨 주는 것이었다. 일본 측은 이를 미국의 최후통첩으로 간주해 대동아전쟁을 결단하게 되었다.

38 고노에 · 루스벨트 회담 구상

1941년 8월, 극도로 악화된 미일 관계의 위기적 상황을 일거에 타개하기 위해 고노에 후미마로 수상은 루스벨트 대통령과 직접 회담을 하기로 결의를 다지고, 8월 6일에 이 의견을 천황에게 주상하여 재가를 얻었다. 8월 7일에 노무라 기치사부로 주미 대사 앞으로 정상 회담을 신청하는 훈령 전보를 보냈다. 미국이 일본에 원칙적으로 동의한다는 회답을 보낸 것은 8월 17일이었다. 그래서 대본영 정부연락회의는 8월 26일에 루스벨트 대통령에게 보낸 고노에 메시지를 채택했고, 이를 8월 28일에 노무라 대사를 통해 대통령에게 전달하자, 그 자리에서는 대통령은 호의적인 태도를 나타냈다. 그러나 9월 3일에 노무라 대사에게 전해진 루스벨트 대통령의 메시지에는 종래의 미일양해안이 완전히 성립되지 않는 한 정상회담에는 응하기 어렵다는 태도가 표명되어 있었다.

39 코델 헐(Cordell Hull): 1871~1955. 1930년대~제2차 세계대전 말기의 미국 국무장관. 캔버랜드대학 졸업 후에 변호사. 민주당 소속. 테네시주 하원 의원. 1931년 상원 의원. 1933년~1944년까지 국무장관으로 활약. 1939년 7월 미일통상항해조약 파기 통고. 이어 제2차 세계대전 발발. 1941년에 노무라 기치사부로 대사와 이른바 '미일 교섭'을 시작하는데, 헐의 도의적 강경 태도도 원인이 되어 교섭은 난항을 겪었다. 마침내 11월「헐 노트」통고를 거쳐 일본군의 진주만 공격이 이루어지고 미일전쟁이 시작되었다.

40 이구치 사다오(井口貞夫): 1899~1980. 1921년 고등시험 외교과시험 합격. 1922년 외무속 · 조약국 2과. 외무성 재외연구원으로 영국에서 근무(옥스퍼드대학). 25년 외교관보로 영국에서 근무. 26년 중국 근무. 28년 부영사(상하이). 30년 영사(상하이). 33년 뉴욕 근무. 35년 시카고 근무. 36년 외무서기관 조사부 5과장. 38년 정보부 1과장. 40년 대사관 일등서기관 겸 영사(뉴욕). 41년 대사관 참사관, 미국 근무. 42년 교환선으로 귀국. 임시 외무성 사무 종사. 외무성 조사관. 43년 정보국 제3부장. 45년 외무성 참사관. 종전연락중앙사무국 제1부장. 46년 정치부장을 겸함. 51년 외무사무차관. 52년 특명 전권 대사(캐나다). 54년 미국 근무. 56년 임시 심의실 사무 종사. 57년 일본전파탑주식회사 부사장. 59년 특명 전권 대사(중화민국). 62년 면직. 63년 퇴임.

41 마쓰다이라 고토(松平康東): 1903~1994. 1921년 외교관시험 합격. 27년 3월 도쿄제국대학 법학부 졸업. 외무성 재외연구원으로 프랑스에 유학. 31년 주 프랑스 일본 대사관 외교관보. 34년 조약국 2과 외무사무차관. 38년 조약국 2과장. 41년 주미 대사관 일등서기관.

42년 교환선으로 귀국. 조약국 1과장. 44년 주 소련 대사관 일등서기관. 46년 대사관 참사관. 임시 외무성 사무. 48년 조사국장. 79년 퇴임. 52년 외무성 고문. 54년 주 캐나다 대사. 57년 주 국제연합대표부 대사. 60년~65년 주 인도 대사.

42 오쿠무라 가쓰조(奧村勝蔵):1903~1975. 오카야마시 출신. 외교관. 도쿄제국대학 법학부 졸업. 1926년 외무성 입성. 1941년 대동아전쟁 발발 당시 워싱턴 주재 일본 대사관 일등서기관. 대미교섭 중단 통고문 작성에 관여. 전후 제1회와 제4회 쇼와 천황과 더글러스 맥아더의 회담에서 통역을 담당했다. 당시 외무성 정보부장. 1947년 징계면관처분. 1952년 외무사무차관. 한일회담 재개를 위해 노력. 스위스 대사. 1961년 퇴임. 오사카 만국박람회 개최 준비 기간 중, 일본 정부 대표를 역임

43 야마모토 이소로쿠(山本五十六): 1884~1943. 1884년 니가타현 나가오카시에서 구 나가오카 번사(藩士) 다카노 사다요시(高野貞吉)의 여섯 째 아들로 태어났다. 1904년 해군병학교 졸업. 장교후보생이 된다. 1905년 5월 27일 러일전쟁(쓰시마 해전) 중 닛신함(日進艦)에서 부상(오른쪽 하퇴부에 큰 화상, 왼손가락 두 개를 잃는다). 15년 해군 소좌. 16년 야마모토 가의 양자가 되어 가문을 상속(성이 야마모토로 바뀐다). 18년 결혼. 19년~21년까지 미국주재 무관 임명. 하버드대학에 유학. 23년 해군 대좌. 1924년 가스미가우라 항공대 교감 겸 부장. 1925년 미국 주재 일본 대사관부 무관. 28년 이스즈(五十鈴) 함장. 항공모함 아카기(赤城) 함장. 1929년 런던해군군축회담 전권수행원. 해군소장. 33년 제1항공 전투부대 사령관. 34년 제2차 런던해군국축회담 일본수석대표. 해군중장. 35년 해군항공본부장. 36년 해군차관. 39년 연합함대 사령장관 겸 제1함대 사령장관 임명. 40년 해군대장. 41년 12월 8일, 일본해군 기동부대가 진주만을 공격, 대동아전쟁이 시작된다. 43년 4월 18일, 부겐빌 상공에서 미군기에 격추되어 전사.

44 한스 모겐소(Hans Joachim Morgenthau): 1904~1980. 독일에서 출생한 유태계 미국인 정치학자. 국제 정치학에서 가장 대표적인 현실주의자 중 한 명. 국제 정치학에서 리얼리즘을 제창, 권력정치로서의 국제 관계를 분석해 이데올로기에 사로잡힌 시각을 비판. 다른 학문적 영향력은 스스로가 정립한 현실주의를 넘어서 '국제 정치학의 역사는 모겐소와의 대화의 역사였다.'라고 이야기될 정도이다.

45 고무라 주타로(小村寿太郎): 1855~1911. 히고번(肥後藩) 출신. 1875년부터 3년간 제1회 문부성 유학생으로 하버드대학 로스쿨. 1880년 귀국. 사법성에 들어감. 대심원(大審院, 최고재판소의 전신) 판사. 1884년 외무성으로 전출. 임시대리공사로 베이징 부임. 1896년 외무차관. 1898년 주미 공사. 1905년 8월 포츠머스 러일강화회의 일본전권. 교섭 성과가

불충분하다고 해서 담판 중지 의견을 일본 정부에 냈으나 즉시 전쟁 종결을 절대불가결로 하는 훈령에 의해 억지로 조인했고, 조약을 불만스럽게 생각하는 국민들의 비난의 표적이 되었다.

46 오노 도시카즈(小野俊一): 야나가와번(柳川藩) 출신, 전 일본흥행은행 총재. 오노 에이지로 (小野英二郎)의 장남, 1914년 도쿄대학 중퇴, 동물학을 배우기 위해 독일 유학을 목표로 했으나 모스크바에서 제1차 세계대전을 만나, 페트로그라드 대학에서 유학한다. 귀국 후, 교토대학 동물학 교실의 조교수가 되고, 바로 1년 만에 사임한다. 이후 재야 아마추어 동물학자로 생애를 보낸다.

47 오노 안나(小野アンナ): 1894~1979. 오노 요코의 백모. 러시아 페테르부르크에서 출생. 옛 성은 안나 보브노바. 페테르부르크 음악원에서 레오폴드 아우어에게 사사. '프리 아티스트' 칭호를 수여받는다. 레닌그라드 유학 중 오노 도시카즈와 결혼, 1918년 일본에 왔다. 오노 안나 음악교실 주관함. 일본의 바이올린 연주 발전에 기여했다. 1933년 외국인 여성 최초로 삼등훈장을 수장. 1946년 무사시노 음악대학 교수. 『바이올린 음계 교본』을 저술. 1960년 소련으로 귀국.

48 스와 네지코(諏訪根自子): 1920~2012. 세 살 때부터 나카지마 다즈코(中島田鶴子), 오노 안나에게 사사. 1930년 알렉산더 모기레프스키에게 사사. 1932년 12세 때 첫 리사이틀. 1936년 유럽으로 건너가, 유럽 각지에서 제2차 세계대전이 끝날 때까지 활약. 1945년 귀국. 이구치 모토나리(井口基成), 야스가와 가즈코(安川加寿子) 등과 공동 공연. 1960년 일선에서 물러난다. 1981년 바흐 무반주 바이올린 소나타 전곡(LP 3장). 1983년 23년만에 리사이틀. 여동생은 바이올리니스트인 스와 아키코(諏訪晶子, 국립음악대학 교수)

49 오노 요코(小野陽子): 오노 에이지로의 아들 에이스케(英輔)와 이소코(磯子)의 장녀. 도쿄 출생. 외조부는 귀족원 의원 야스다 젠자부로(安田善三郎). 시인, 싱어송라이터, 전위예술가. 1952년 학습원대학 철학과 입학. 1953년 뉴욕으로 이주. 사라로렌스대학에서 작곡과 시를 공부. 1966년 런던 전람회에서 오노 요코의 작품을 접한 비틀즈의 존 레논이 그 작품에 감동. 1969년 존 레논과 결혼.

○저자 프로필

加瀨俊一 (가세 도시카즈)

1903년 도쿄 출생. 도쿄상과대학(현 히토쓰바시 대학) 1학년 때 외교관 시험에 합격. 외무성 입성을 위해, 도쿄상대를 중퇴하고 외무성 재외 연구원으로 미국에 유학. 애머스트 대학 및 하버드 대학 졸업. 외무성 정무국 정보부 과장, 통상국 제3과장, 미국국 제1과장, 정보부장 귀족원 서기관 등을 역임 후 1945년 퇴임하고 외무성 고문이 됨.

그 뒤 아시아·아프리카회의 정부 대표 특명전권대사, 국제연합 대사 (1955년~1957년), 주 유고슬라비아 대사, 외무성 고문을 역임한 후 지금에 이른다. 외교평론가, (주)가시마 출판회 회장으로도 폭넓게 활약.

저서는 『나폴레옹』, 『평범함의 용기』, 『미주리호로 가는 여정』, 『일본 외교의 우울』, 『가세 도시카즈 회상록』, 『가세 도시카즈 선집 (전6권)』 등 다수.

花井等 (하나이 히토시)

1936년 중국에서 태어남. 오사카대학 법학부 졸업 후, 남 캘리포니아대학 대학원 국제관계론 수료, 법학박사. 교토산업대학 교수, 쓰쿠바대학 교수를 거쳐, 레이타쿠 대학 교수, 레이타쿠 대학원 교수, (재단법인)모라로지연구소 도덕과학 연구센터 교수, 동 모라로지 전공숙 강사를 역임.

저서는 『현대국제 관계론』, 『미일 마찰의 구조』, 『국제 외교의 단계』, 『미일 - 최악의 시나리오』, 『국제인 니토베 이나조』 등 다수.